高等职业教育校企合作“互联网+”创新型教材
中国汽车工程学会推荐教材

智能网联汽车技术

组　编　柯柏文（深圳）科技有限公司
主　编　崔胜民　卞合善
副主编　张世达　苏庆列　韩博砚　杨果仁　闫云敬　张春蓉
曾晓彤　熊其兴　段卫洁　查云飞　聂光辉
参　编　陈立旦　梁小流　吴良胜　毕　然　关天聪　陈清洪
范梦阳　房宏威　李凤琪　陈庆斌　李吉海
主　审　徐念峰

本书全面系统地介绍了智能网联汽车新技术，包括智能网联汽车的智能传感器技术、网络与通信技术、导航定位技术、线控技术、先进驾驶辅助技术，以及人工智能、深度学习、语义分割、大数据、云计算、多接入边缘计算技术在自动驾驶中的应用。每章开始都给出教学目标、教学要求和导入案例，便于学生学习和教师授课；每章末尾配有练习题，便于学生复习，巩固主要的学习内容，增强学习效果。

本书内容新颖，图文并茂，通俗易懂，实用性强，覆盖了智能网联汽车所涉及的新技术，可作为职业院校汽车智能技术专业的教材，也可作为应用型本科院校车辆工程专业的选修教材。

本书配有电子课件等教学资源，凡选用本书作为授课教材的教师均可登录 www. cmpedu. com，注册后免费下载。

图书在版编目（CIP）数据

智能网联汽车技术/崔胜民，卞合善主编．—北京：机械工业出版社，2020. 9（2025. 1 重印）

高等职业教育校企合作“互联网+”创新型教材

ISBN 978-7-111-66321-8

Ⅰ.①智… Ⅱ.①崔…②卞… Ⅲ.①汽车-智能通信网-高等职业教育-教材 Ⅳ.①U463. 67

中国版本图书馆 CIP 数据核字（2020）第 146952 号

机械工业出版社（北京市百万庄大街 22 号 邮政编码 100037）

策划编辑：蓝伙金 责任编辑：蓝伙金 谢熠萌

责任校对：李 伟 李 婷 封面设计：严娅萍

责任印制：张 博

北京建宏印刷有限公司印刷

2025 年 1 月第 1 版第 12 次印刷

184mm×260mm · 10 印张 · 251 千字

标准书号：ISBN 978-7-111-66321-8

定价：52. 00 元

电话服务 网络服务

客服电话：010-88361066 机 工 官 网：www. cmpbook. com

010-88379833 机 工 官 博：weibo. com/cmp1952

010-68326294 金 书 网：www. golden-book. com

 机工教育服务网：www. cmpedu. com

前言

2020年2月，国家发展和改革委员会联合科技部、工信部、财政部、交通运输部、商务部等共11部委印发《智能汽车创新发展战略》，旨在加快推进智能网联汽车的创新发展。智能网联汽车已经进入发展的快车道。智能网联汽车所涉及的知识和技术与传统汽车有较大差别，必须重新构建，以满足智能网联汽车快速发展对人才的需求。党的二十大报告也明确指出要推动制造业高端化、智能化、绿色化发展。为此本书在能力与素养要求、正文知识点、习题等环节融入智能化发展、绿色低碳等理念。

本书的编写完全按照智能网联汽车新的知识和技术体系构建，同时考虑了《智能网联汽车测试装调职业技能等级标准》涉及的基本知识，全面系统地介绍了智能网联汽车新技术。全书共分7章，第1章主要介绍发展智能网联汽车的必要性，以及智能网联汽车的相关术语及定义、驾驶自动化分级、体系结构、关键技术和发展趋势；第2章主要介绍智能传感器技术，包括超声波雷达、毫米波雷达、激光雷达和视觉传感器，以及传感器融合技术和智能传感器的配置实例；第3章主要介绍智能网联汽车网络与通信技术，包括智能网联汽车网络技术、V2X通信技术及其应用场景；第4章主要介绍智能网联汽车导航定位技术，包括导航定位的定义与类型、全球卫星定位技术、北斗卫星导航系统、惯性导航系统、通信基站定位、同时定位与地图构建（SLAM）技术以及电子地图技术；第5章主要介绍智能网联汽车线控技术，包括线控转向技术、线控制动技术、线控节气门技术以及线控技术的应用实例；第6章介绍智能网联汽车先进驾驶辅助技术，包括前向碰撞预警系统、自动紧急制动系统、车道偏离预警系统、车道保持辅助系统、盲区监测系统、自适应巡航控制系统、智能泊车辅助系统、智能座舱系统、其他先进驾驶辅助系统以及先进驾驶辅助系统的应用实例；第7章介绍智能网联汽车自动驾驶的前瞻技术，包括人工智能、深度学习、语义分割、大数据、云计算、多接入边缘计算技术的定义及其在自动驾驶中的应用。

通过对本书的学习，学生既能掌握智能网联汽车所涉及的新知识和新技术，又能开拓专业视野，为从事智能网联汽车的相关工作奠定基础。

本书由哈尔滨工业大学汽车工程学院崔胜民、柯柏文（深圳）科技有限公司卞合善任主编，张世达、苏庆列、韩博砚、杨果仁、闫云敬、张春蓉、曾晓彤、熊其兴、段卫洁、查云飞、聂光辉任副主编。陈立旦、梁小流、吴良胜、毕然、关天聪、陈清洪、范梦阳、房宏威、李凤琪、陈庆斌、李吉海也参与了本书的编写工作，中国汽车工程学会徐念峰主审。

在本书编写过程中，引用了一些网上资料和图片以及参考文献中的部分内容，特向其作者表示深切的谢意；同时感谢柯柏文（深圳）科技有限公司提供的有关资料。

由于编者学识有限，书中不当之处在所难免，恳盼读者给予指正。

编　者

目录

第4章 智能网联汽车导航定位技术

第5章 智能网联汽车线控技术

第6章 智能网联汽车先进驾驶辅助技术

第7章 智能网联汽车自动驾驶的前瞻技术

中英文对照表

序号	英文简称	英文全称	中　　文
1	AI	Artificial intelligence	人工智能
2	ACC	Adaptive Cruise Control	自适应巡航控制
3	ADAS	Advanced Driving Assistance System	先进驾驶辅助系统
4	AEB	Automatic Emergency Brake	自动紧急制动
5	AOA	Angle of Arrival	到达角度
6	APA	Auto Parking Assist	自动泊车辅助
7	AVS	Around View System	环视系统
8	BDS	BeiDou Navigation Satellite System	北斗卫星导航系统
9	BSD	Blind Spot Detection	盲区监测
10	CAN	Controller Area Network	控制器局域网络
11	CCD	Charge Coupled Device	电荷耦合器件
12	CMOS	Complementary Metal-Oxide Semiconductor	互补金属氧化物半导体
13	C-V2X	Cellular Vehicle to Everything	蜂窝车用无线通信技术
14	DL	Deep Learning	深度学习
15	DR	Dead Reckoning	航位推算
16	DSRC	Dedicated Short Range Communications	专用短程通信
17	ECU	Electronic Control Unit	电子控制单元
18	EHB	Electro Hydraulic Brake	电子液压制动
19	EMB	Electro Mechanical Brake	电子机械制动
20	EBA	Emergency Braking Assist	紧急制动辅助
21	FCW	Forward Collision Warning	前向碰撞预警
22	GIS	Geographic Information System	地理信息系统
23	GNSS	Global Navigation Satellite System	全球导航卫星系统
24	GPS	Global Positioning System	全球卫星定位系统
25	GPS/DR	Global Positioning System/Dead Reckoning	车载组合导航系统
26	HUD	Head Up Display	抬头显示
27	IMU	Inertial Measurement Unit	惯性测量单元
28	INS	Inertial Navigation System	惯性导航系统
29	ITS	Intelligent Transport System	智能交通系统
30	LCA	Lane Change Auxiliary	变道辅助
31	LDW	Lane Departure Warning	车道偏离预警
32	LIN	Local Interconnect Network	局域互联网络
33	LKA	Lane Keeping Assist	车道保持辅助

（续）

序号	英文简称	英文全称	中文
34	LRR	Long Range Radar	长距离雷达
35	LTE-V	Long Term Evolution- Vehicle	长期演进的车对外界信息交互
36	ML	Machine Learning	机器学习
37	MCU	Micro Controller Unit	微控制单元
38	MEC	Multi-access Edge Computing	多接入边缘计算
39	MRR	Medium Range Radar	中距离雷达
40	MOST	Media Oriented System Transport	多媒体定向系统传输
41	OBU	On Board Unit	车载单元
42	RCTA	Rear Cross Traffic Alert	后方交通穿行提示
43	RFID	Radio Frequency Identification	射频识别
44	RSU	Road Side Unit	路侧单元
45	RTK	Real Time Kinematic	载波相位差分技术
46	SAE	Society of Automotive Engineers	美国汽车工程师学会
47	SLAM	Simultaneous Localization and Mapping	同时定位与地图构建
48	SRR	Short Range Radar	短距离雷达
49	TDOA	Time Difference of Arrival	到达时间差
50	TOA	Time of Arrival	到达时间
51	UPA	Ultrasonic Park Assist	超声波泊车辅助
52	V2I	Vehicle to Infrastructure	车辆与基础设施通信
53	V2N	Vehicle to Network	车辆与网络通信
54	V2P	Vehicle to Pedestrian	车辆与行人通信
55	V2V	Vehicle to Vehicle	车辆与车辆通信
56	V2X	Vehicle to Everything	车对外界的信息交换
57	VR	Virtual Reality	虚拟现实
58	3GPP	The 3rd Generation Partnership Project	第三代合作伙伴计划

第 1 章 绪 论

教学目标

通过本章的学习，学生能够掌握智能网联汽车的定义和驾驶自动化分级，以及智能网联汽车的体系结构、关键技术和发展趋势，为后续学习奠定基础。

教学要求

知 识 要 点	能力与素养要求
发展智能网联汽车的必要性	了解大力发展智能网联汽车对绿色环保的意义，以及汽车的发展趋势
智能网联汽车相关术语及定义	掌握智能网联汽车的相关术语及定义
智能网联汽车的驾驶自动化分级	掌握美国 SAE 和中国对汽车驾驶自动化的分级；了解分级划分流程
智能网联汽车的体系结构	掌握智能网联汽车的层次结构和技术架构
智能网联汽车的关键技术	了解智能网联汽车的关键零部件和共性关键技术
智能网联汽车的发展趋势	了解智能网联汽车的发展趋势

导入案例

随着汽车保有量的增加，能源短缺、环境污染、交通拥堵、事故频发等现象日益突出，这些成为汽车产业可持续健康发展的限制因素。图 1-1 所示为某城市交通拥堵情况。交通拥堵已经成为城市迫切需要解决的难题之一。

图 1-1　某城市交通拥堵情况

智能网联汽车被公认是这些问题的有效解决方案，代表着汽车工业未来的发展方向。什么是智能网联汽车？智能网联汽车驾驶自动化如何分级？智能网联汽车技术架构是什么？智能网联汽车有哪些共性关键技术？通过对本章知识的学习，读者便可以得到答案。

1.1 发展智能网联汽车的必要性

目前，中国是世界第一汽车生产大国和第一新车销售市场，汽车保有量快速增长。预计到 2025 年，我国汽车保有量将达到 3 亿辆，千人保有量将达到 210 辆，中国汽车保有量发展趋势如图 1-2 所示。

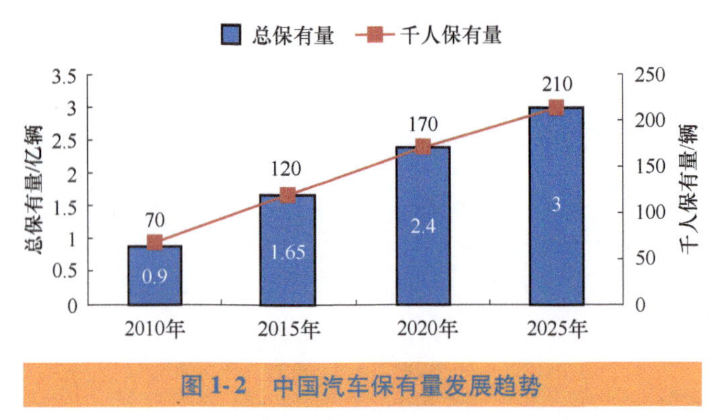

图 1-2 中国汽车保有量发展趋势

汽车保有量的快速增长，引发了能源短缺、环境污染、交通拥堵和事故频发等社会问题（图 1-3）。

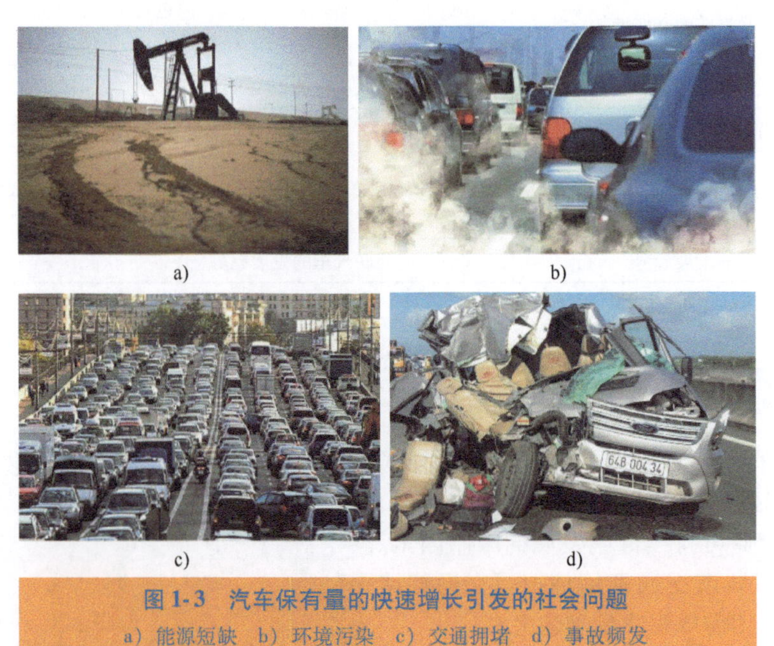

图 1-3 汽车保有量的快速增长引发的社会问题
a）能源短缺 b）环境污染 c）交通拥堵 d）事故频发

智能网联汽车是解决这些社会问题的有效方案，代表着汽车产业未来的发展方向。智能网联汽车是新一轮科技革命背景下的新兴产品，可显著改善交通安全、实现节能减排、减缓交通拥堵、提高交通效率，推动形成绿色低碳的生产方式和生活方式，并可推动汽车、电子、通信、服务、社会管理等产业协同发展，发展智能网联汽车对促进汽车产业转型升级、推进新型工业化具有重大战略意义。

以人工智能（AI）与新一代信息通信技术为代表的新一轮科技革命正在进行，汽车作为新技术集成应用的最佳载体之一，正在加速向智能化和网联化转型，智能网联汽车已经成为国际汽车产业发展战略方向与竞争焦点。电动化、智能化、网联化和共享化是汽车的发展趋势。

1.2 智能网联汽车的相关术语及定义

1. 智能汽车

智能汽车是通过搭载先进传感系统、决策系统、执行系统，运用信息通信、互联网、大数据、云计算、人工智能等新技术，具有部分或完全自动驾驶功能，由单纯交通运输工具逐步向智能移动空间转变的新一代汽车（图1-4）。

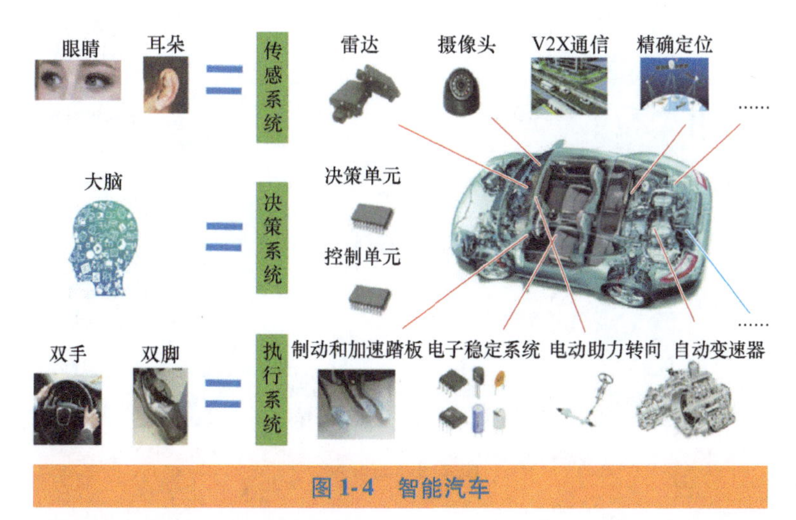

图1-4　智能汽车

智能汽车是智能交通系统的重要组成部分，未来的智能汽车已不单纯是一个交通运输工具，而是智能移动终端，其发展方向可以分为自动化和网联化两个方向（图1-5）。智能汽车的自动化程度越高，越接近于自动驾驶汽车；智能汽车的网联化程度越高，越接近于网联汽车；智能汽车的自动化、网联化程度越高，越接近于智能网联汽车。

2. 车联网

车联网是指利用物联网、无线通信、卫星定位、云计算、语音识别等技术，建立的一张全面覆盖车辆、交通基础设施、交通参与者、交通管理者、交通服务商等的快速通信网络。车联网可实现智能信号控制、实时交通诱导、交通秩序管理、交通信息服务等一系列交通管理与服务应用，最终达到交通安全、行车高效、驾驶舒适、节能环保等目标（图1-6）。

目前车联网技术主要面向道路交通，为交通管理者提供决策支持，为车辆与车辆、车辆与道路提供协同控制，为交通参与者提供信息服务。车联网是智能交通系统与互联网技术发展的融合产物，是智能交通系统的重要组成部分，更多表现在汽车基于现实中的场景应用，主要包括安全类、驾驶类、娱乐类和服务类的应用。

图 1-5　智能汽车的发展方向

图 1-6　车联网

3. 智能网联汽车

智能网联汽车是指搭载先进的车载传感器、控制器、执行器等装置，并融合现代通信与网络技术，实现车与 X（车、路、行人、云端等）智能信息交换、共享，具备复杂环境感知、智能决策、协同控制等功能，可实现车辆“安全、高效、舒适、节能”行驶，并最终可实现替代人来操作的新一代汽车。

智能网联汽车已不是特指某类或单个车辆，而是以车辆为主体和主要节点，由车辆、道路基础设施、通信设备及交通控制系统，以及数据存储与处理系统等共同构成的综合协调系统，是未来智能交通系统下车联网环境中发挥着重要作用的智能终端，最终实现车辆“安全、高效、舒适、节能”行驶的新一代多车辆系统（图 1-7）。

智能网联汽车既可以是燃油汽车，也可以是新能源汽车，未来是以新能源汽车为主。

4. 自动驾驶汽车

自动驾驶汽车是指汽车至少在某些具有关键安全性的控制功能方面（如转向、加速或制动）无须驾驶人直接操作即可自动完成控制动作的车辆。自动驾驶汽车一般使用车载传感器、GPS 和其他通信设备获得信息，针对安全状况进行决策规划，在某种程度上恰当地实施控制。

自动驾驶汽车至少包括自适应巡航控制（ACC）系统、车道保持辅助（LKA）系统、自动紧急制动（AEB）系统、自动泊车辅助（APA）系统，比较高级的车型还应该配备交通拥堵辅助系统。

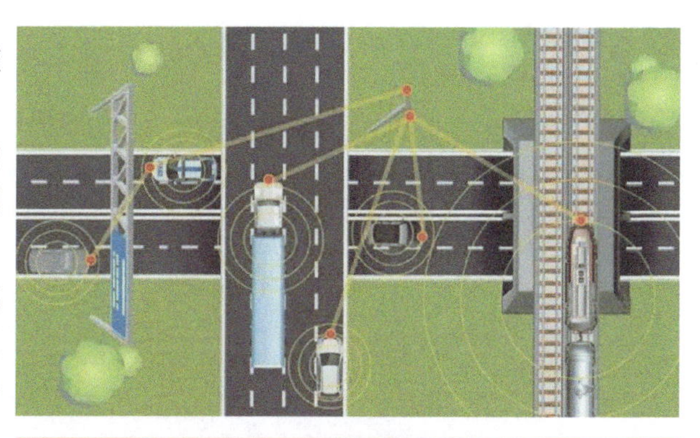

图1-7　智能网联汽车

天籁2019款2.0T XV AD1智尊领航版轿车配备了变道辅助（LCA）系统、车道偏离预警（LDW）系统、车道保持辅助（LKA）系统、自动紧急制动系统、驾驶人疲劳预警系统、全速自适应巡航控制（ACC）系统、自动泊车辅助（APA）系统等，属于L2级的自动驾驶汽车（图1-8）。

图1-8　天籁L2级自动驾驶汽车

自动驾驶汽车的终极目标是成为无人驾驶汽车。

5. 无人驾驶汽车

无人驾驶汽车是通过车载环境感知系统来感知道路环境、自动规划路径、识别行车路线，按照预定条件控制车辆到达预定地点的智能汽车，如图1-9所示。无人驾驶汽车是传感器、计算机、人工智能、无线通信、导航定位、模式识别、机器视觉、智能控制等多种先进技术融合的综合体。

图1-9　无人驾驶汽车

与智能汽车和智能网联汽车相比，无人驾驶汽车需要具有更先进的环境感知系统、中央决策系统以及底层执行系统。无人驾驶汽车能够实现完全自动的控制，全程检测交通环境，能够实现所有的驾驶目标。驾驶人只需提供目的地或者输入导航信息，在任何时候均不需要对汽车进行操作。智能汽车和智能网联汽车的终极目标就是成为无人驾驶汽车。

无人驾驶汽车要实现推广普及，不仅要解决技术、安全等内部问题，还需要考虑法律监管、价格及消费者认可等外部问题。

6. 智能交通系统

智能交通系统包含道路上的车辆、行人和各种交通设施，通过智能化方式对交通环境下的车辆、行人及交通设施进行智能化管理和控制，提高交通安全和效率，智能交通系统如图1-10所示。

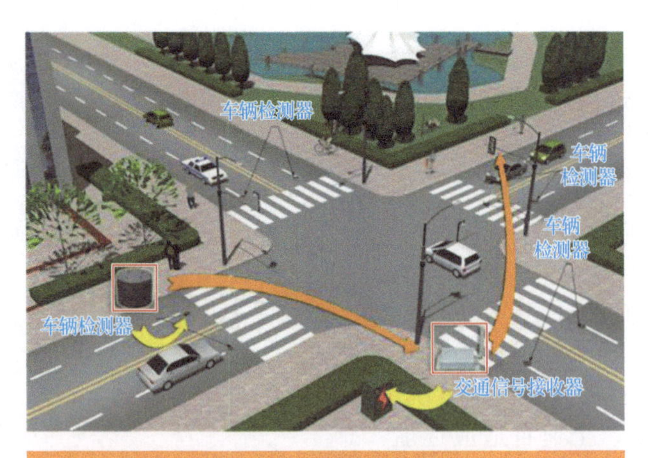

图 1-10 智能交通系统

智能交通系统是未来交通系统的发展方向，它是将先进的信息技术、计算机处理技术、数据通信技术、传感器技术、电子控制技术、运筹学、人工智能等有效地集成运用于整个地面交通管理系统而建立的一种在大范围内、全方位发挥作用的，实时、准确、高效的综合交通运输管理系统。智能交通系统是随着车联网技术的发展而不断发展的。

7. 智能网联汽车智能传感器

智能网联汽车智能传感器是指能获取智能网联汽车环境及定位等信息，为环境感知融合和决策控制系统提供信号输入的器件或装置，主要包含激光雷达、摄像头、毫米波雷达、超声波雷达、组合导航（GNSS/IMU）等（图 1-11）。

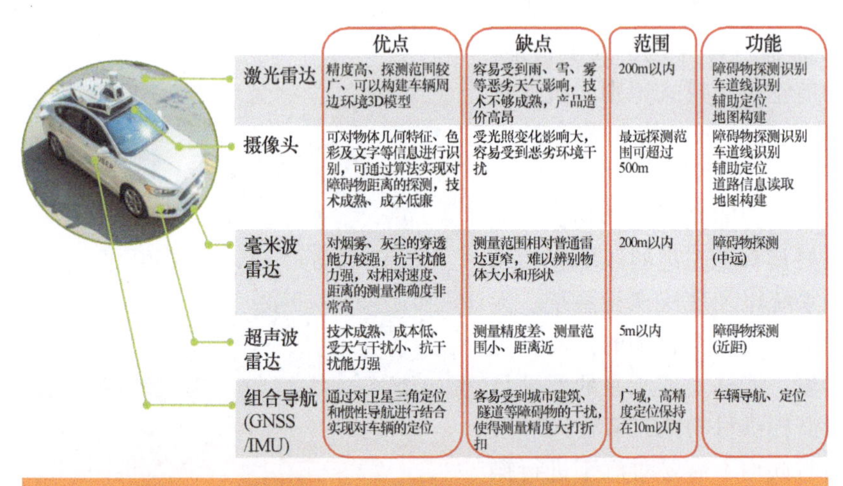

	优点	缺点	范围	功能
激光雷达	精度高、探测范围较广、可以构建车辆周边环境3D模型	容易受到雨、雪、雾等恶劣天气影响，技术不够成熟，产品造价高昂	200m以内	障碍物探测识别 车道线识别 辅助定位 地图构建
摄像头	可对物体几何特征、色彩及文字等信息进行识别，可通过算法实现对障碍物距离的探测，技术成熟、成本低廉	受光照变化影响大，容易受到恶劣环境干扰	最远探测范围可超过500m	障碍物探测识别 车道线识别 辅助定位 道路信息读取 地图构建
毫米波雷达	对烟雾、灰尘的穿透能力较强，抗干扰能力强，对相对速度、距离的测量准确度非常高	测量范围相对普通雷达更窄，难以辨别物体大小和形状	200m以内	障碍物探测(中远)
超声波雷达	技术成熟、成本低、受天气干扰小、抗干扰能力强	测量精度差、测量范围小、距离近	5m以内	障碍物探测(近距)
组合导航(GNSS/IMU)	通过对卫星三角定位和惯性导航进行结合实现对车辆的定位	容易受到城市建筑、隧道等障碍物的干扰，使得测量精度大打折扣	广域，高精度定位保持在10m以内	车辆导航、定位

图 1-11 智能网联汽车智能传感器

8. 智能网联汽车底盘线控执行系统

智能网联汽车底盘线控执行系统（图 1-12）是指智能网联汽车基于计算平台的决策规划进行转向和加减速的执行系统，包括线控转向、线控制动、线控驱动等软硬件。

9. 智能网联汽车智能座舱系统

智能网联汽车智能座舱系统（图 1-13）是以车联网为依托，集合丰富的车载传感器、控制器、网络传感器、云端数据、算力资源，基于人工智能技术和先进的人机交互技术，提供友好的人机交互界面，提升车辆行驶安全、通信感知能力、用户体验的汽车座舱软硬件集成系统。它主要由人机交互系统、环境控制系统、影音娱乐系统、信息通信系统、导航定位系统等组成。

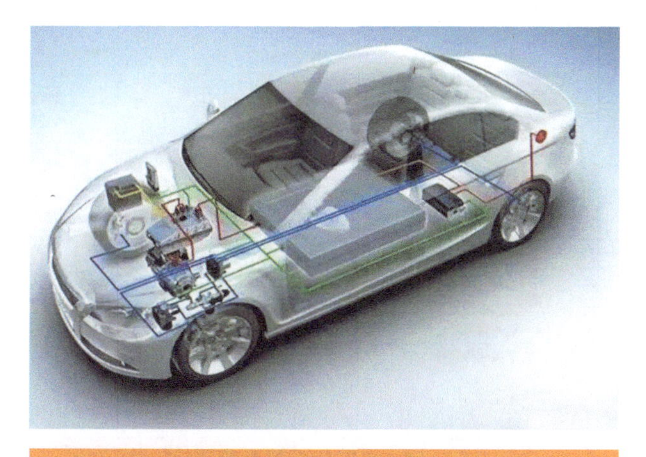

图 1-12　智能网联汽车底盘线控执行系统

图 1-13　智能网联汽车智能座舱系统

从汽车座舱的升级路径（图 1-14）情况来看，座舱产品正处于智能时代初级阶段。现阶段大部分座舱产品仍是分布式离散控制，即操作系统互相独立，核心技术体现为模块化、集成化设计。未来，随着高级别自动驾驶逐步应用，芯片和算法等性能提高，座舱产品将进一步升级，一芯多屏、多屏互融、立体式虚拟呈现等技术将普及，核心技术会体现为进一步集成智能驾驶的能力。

10. 智能网联汽车计算平台

智能网联汽车计算平台（图 1-15）是以环境感知数据、导航定位信息、车辆实时数据、云端智能计算平台数据和其他 V2X 交互数据等作为输入，基于环境感知定位、智能规划决策和车辆运动控制等核心控制算法，输出驱动、转向和制动等执行控制指令，实现车辆智能驾驶路径的决策规划控制系统。

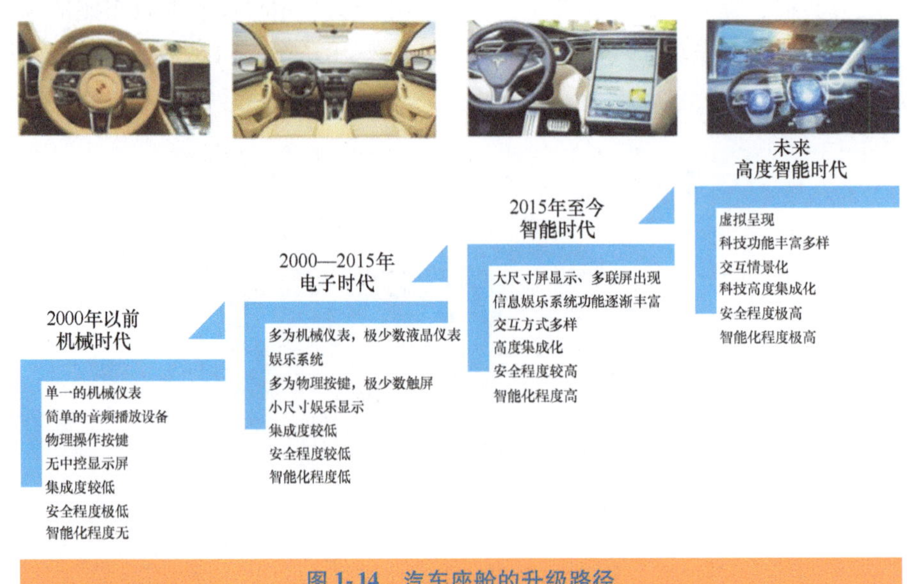

图 1-14　汽车座舱的升级路径

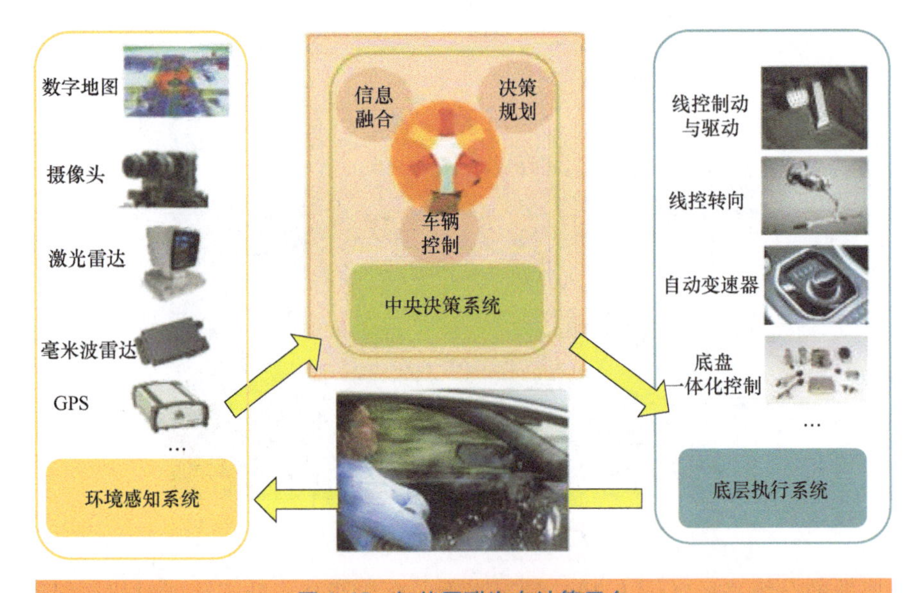

图 1-15　智能网联汽车计算平台

11. 智能驾驶

智能驾驶（图 1-16）是指由感知、决策和控制系统组成的可协助、代替人类驾驶人的驾驶技术。

12. 车路协同控制

车路协同控制（图 1-17）的目的是基于无线通信、传感探测等技术进行车路信息获取，通过 V2V、V2I 信息交互和共享，实现车辆和基础设施之间智能协同与配合，达到优化利用系统资源、提高道路交通安全、缓解交通拥堵的目标。

车路协同控制已成为智能交通发展的新方向，而新一代的通信技术则是车路协同控制的关键，它为智能交通提供 V2V、V2I 之间高速可靠的智能传输通道。

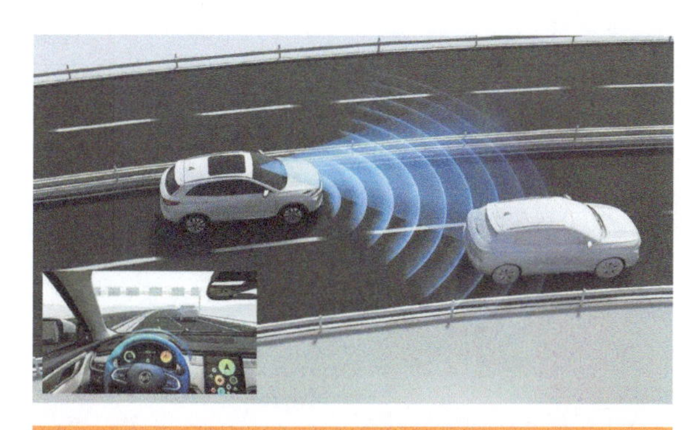

图 1-16 智能驾驶

图 1-17 车路协同控制

1.3 智能网联汽车的驾驶自动化分级

1. 美国汽车工程师学会（SAE）对汽车驾驶自动化的分级

美国汽车工程师学会（SAE）对汽车驾驶自动化的分级见表 1-1。

表 1-1 SAE 对汽车驾驶自动化的分级

分级	L0	L1	L2	L3	L4	L5
称呼	无驾驶自动化	驾驶支持	部分自动化	有条件自动化	高度自动化	完全自动化
定义	由驾驶人全权驾驶汽车，在行驶过程中可以得到警告	通过驾驶环境对转向和加减速中的一项操作提供支持，其余由驾驶人操作	通过驾驶环境对转向和加减速中的多项操作提供支持，其余由驾驶人操作	由无人驾驶系统完成所有的驾驶操作，根据系统要求，驾驶人提供适当的应答	由无人驾驶系统完成所有的驾驶操作，根据系统要求，驾驶人不一定提供所有的应答；限定道路和环境条件	由无人驾驶系统完成所有的驾驶操作，可能的情况下，驾驶人接管；不限定道路和环境条件

（续）

<table>
<tr><th colspan="2">分级</th><th>L0</th><th>L1</th><th>L2</th><th>L3</th><th>L4</th><th>L5</th></tr>
<tr><td rowspan="3">主体</td><td>驾驶操作</td><td>驾驶人</td><td>驾驶人/系统</td><td colspan="4">系统</td></tr>
<tr><td>周边监控</td><td colspan="3">驾驶人</td><td colspan="3">系统</td></tr>
<tr><td>支援</td><td colspan="4">驾驶人</td><td colspan="2">系统</td></tr>
<tr><td></td><td>系统作用域</td><td>无</td><td colspan="4">部分</td><td>全域</td></tr>
</table>

对应 SAE 分级标准，无人驾驶专指 L4 级和 L5 级，在此级别，汽车能够在限定环境乃至全部环境下完成全部的驾驶任务。

自动驾驶则覆盖 L1～L5 级整个阶段，在 L1 级、L2 级阶段，汽车的自动驾驶系统只作为驾驶人的辅助，但能够持续地承担汽车横向或纵向某一方面的自主控制，完成感知、认知、决策、控制、执行这一完整过程，其他如预警提示、短暂干预的驾驶技术不能完成这一完整的流程，不在自动驾驶技术范围之内。

智能驾驶则包括自动驾驶以及其他辅助驾驶技术，它们能够在某一环节为驾驶人提供辅助甚至能够替代驾驶人，优化驾车体验。

2. 我国对汽车驾驶自动化的分级

我国的汽车驾驶自动化的分级参考了 SAE 的 L0～L5 级的分级框架，并结合我国当前实际情况进行了调整。两个标准对每个具体的驾驶自动化功能分级结果基本一致。

我国将汽车驾驶自动化分为 0～5 级，共 6 个等级，0 级为应急辅助，1 级为部分驾驶辅助，2 级为组合驾驶辅助，3 级为有条件自动驾驶，4 级为高度自动驾驶，5 级为完全自动驾驶，我国对汽车驾驶自动化的分级见表 1-2。

表 1-2　我国对汽车驾驶自动化的分级

分级	名　称	车辆横向和纵向运动控制	目标和事件探测与响应	动态驾驶任务接管	设计运行条件
0 级	应急辅助	驾驶人	驾驶人及系统	驾驶人	有限制
1 级	部分驾驶辅助	驾驶人和系统	驾驶人及系统	驾驶人	有限制
2 级	组合驾驶辅助	系统	驾驶人及系统	驾驶人	有限制
3 级	有条件自动驾驶	系统	系统	动态驾驶任务接管用户（接管后成为驾驶人）	有限制
4 级	高度自动驾驶	系统	系统	系统	有限制
5 级	完全自动驾驶	系统	系统	系统	无限制

两个标准不同点在于：SAE 将自动紧急制动（AEB）等先进驾驶辅助功能和非驾驶自动化功能都放在 0 级，归为“无驾驶自动化”；而我国则将其称为“应急辅助”，与非驾驶自动

化功能分开。此外，在“3级驾驶自动化”中，我国明确增加了对驾驶人接管能力监测和风险减缓策略的要求，明确了最低安全要求，减少了实际应用安全风险。

3. 驾驶自动化等级划分和判定流程

驾驶自动化等级划分和判定流程如图1-18所示。

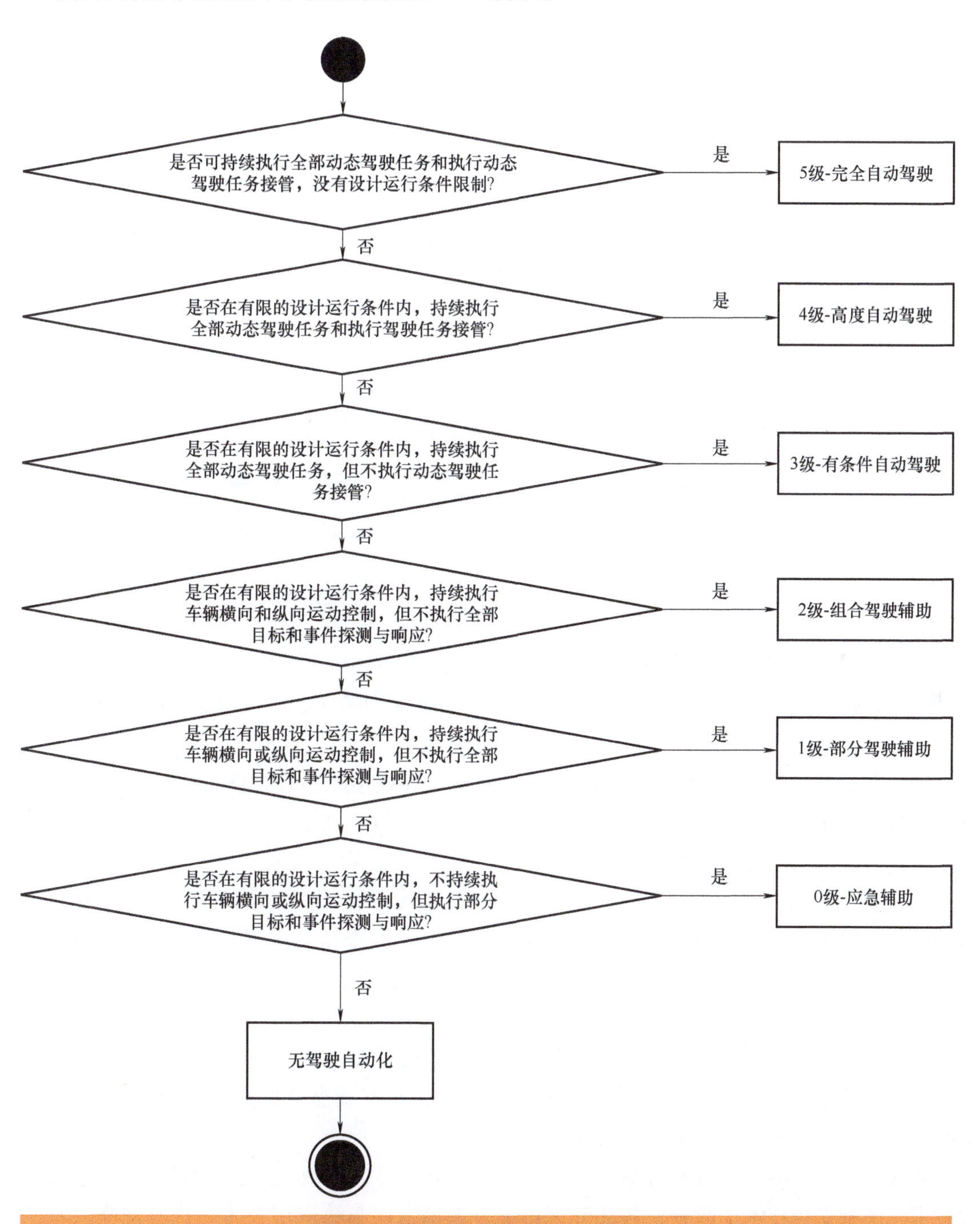

图1-18 驾驶自动化等级划分和判定流程

1.4 智能网联汽车的体系结构

1. 智能网联汽车的层次结构

智能网联汽车系统主要由环境感知层、智能决策层以及控制和执行层组成（图 1-19）。

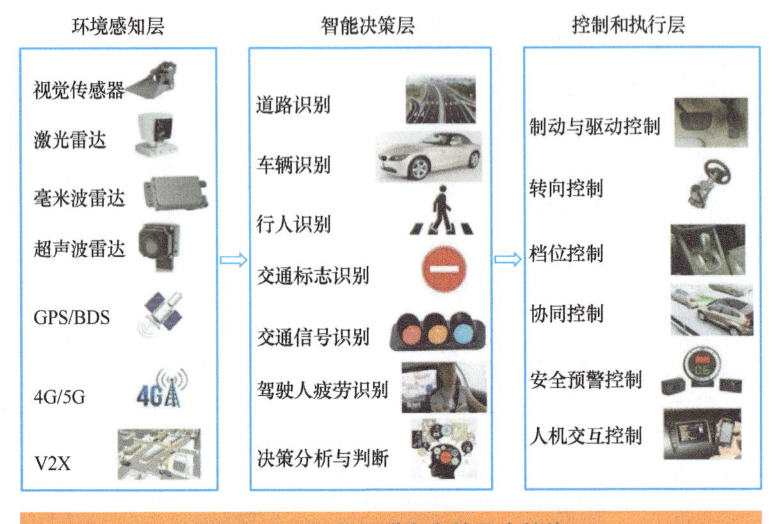

图 1-19　智能网联汽车的层次结构

（1）环境感知层　环境感知层的主要功能是通过车载环境感知技术、卫星定位技术、4G/5G 及 V2X 无线通信技术等，实现对车辆自身属性和车辆外在属性（如道路、车辆和行人等）静、动态信息的提取和收集，并向智能决策层输送信息。

（2）智能决策层　智能决策层的主要功能是接收环境感知层的信息并进行融合，对道路、车辆、行人、交通标志和交通信号等进行识别、决策分析，判断车辆驾驶模式及将要执行的操作，并向控制和执行层输送指令。

（3）控制和执行层　控制和执行层的主要功能是按照智能决策层的指令，对车辆进行操作和协同控制，并为智能网联汽车提供道路交通信息、安全信息、娱乐信息、救援信息，以及商务办公、网上消费等服务，保障汽车安全行驶和舒适驾驶。

2. 智能网联汽车的技术架构

智能网联汽车技术架构为“三横两纵”式技术架构（图 1-20）。“三横”是指智能网联汽车主要涉及的车辆/设施关键技术、信息交互关键技术与基础支撑技术 3 部分，“两纵”是指支撑智能网联汽车发展的车载平台以及基础设施条件。

智能网联汽车的横向技术可细分为三层体系，第一层为车辆/设施关键技术、信息交互关键技术、基础支撑技术 3 部分，各部分可再细分为第二层与第三层技术，智能网联汽车“三横”技术体系见表 1-3。

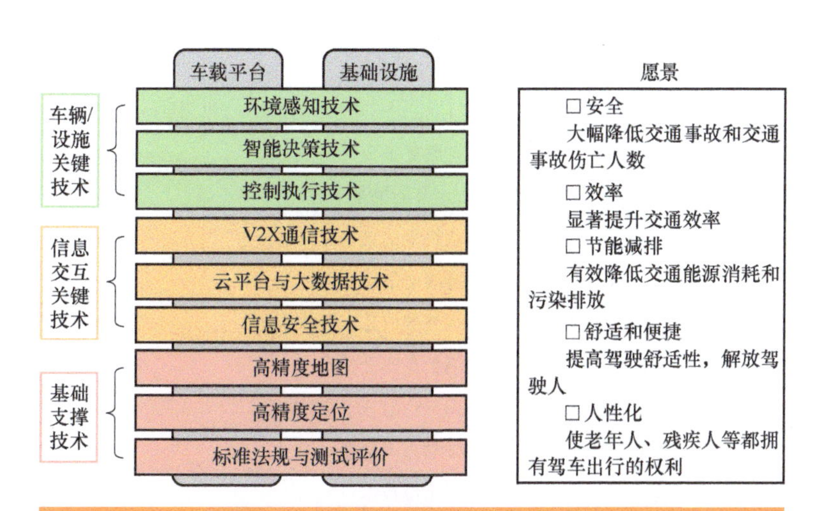

图 1-20 智能网联汽车的技术架构

表 1-3 智能网联汽车“三横”技术体系

第一层	第二层	第三层
车辆/设施关键技术	环境感知技术	雷达探测技术
		机器视觉技术
		车辆状态感知技术
		乘员状态感知技术
		协同感知技术
		信息融合技术
	智能决策技术	行为预测技术
		态势分析技术
		任务决策技术
		轨迹规划技术
		行为决策技术
	控制执行技术	关键执行机构（驱动/制动/转向/悬架）
		车辆纵向/横向/垂向运动控制技术
		车间协同控制技术
		车路协同控制技术
		智能电子电气架构
信息交互关键技术	V2X 通信技术	车辆专用短程通信技术
		车载无线射频通信技术
		LTE-V 通信技术
		移动自组织网络技术
		面向智能交通的 5G 通信技术
	大数据技术	非关系型数据库技术
		数据高效存储和检索技术
		车辆数据关联分析与挖掘技术
		驾驶人行为数据分析与应用技术

（续）

第一层	第二层	第三层
信息交互关键技术	平台技术	信息服务平台
		安全/节能决策平台
	信息安全技术	车载终端信息安全技术
		手持终端信息安全技术
		路侧终端信息安全技术
		网络信息安全技术
		数据平台信息安全技术
基础支撑技术	高精度地图	三维动态高精度地图
	高精度定位	卫星定位技术
		惯性导航与航迹推算技术
		通信基站定位技术
		协作定位技术
	基础设施	路侧设施与交通信息网络建设
	车载硬件平台	通用处理平台/专用处理芯片
	车载软件平台	交互终端操作系统
		车辆控制器操作系统/共用软件基础平台
	人机工程	人机交互技术
		人机共驾技术
	整车安全架构	整车网络安全架构
		整车安全功能架构
	标准法规	标准体系与关键标准
	测试评价	测试场地规划与建设
		测试评价方法
	示范应用	示范应用与推广

1.5 智能网联汽车的关键技术

1. 智能网联汽车的关键零部件

智能网联汽车的关键零部件主要有车载光学系统、车载雷达系统、高精度定位系统、车载互联终端、集成控制系统等，如图 1-21 所示。智能网联汽车的关键零部件自主市场份额已占有较大比例。

2. 智能网联汽车的核心关键技术

智能网联汽车是一个复杂的跨界交叉系统，技术领域覆盖广，专业跨度大，技术架构复杂。其核心关键技术涉及汽车、半导体芯片、人工智能和信息通信等领域。

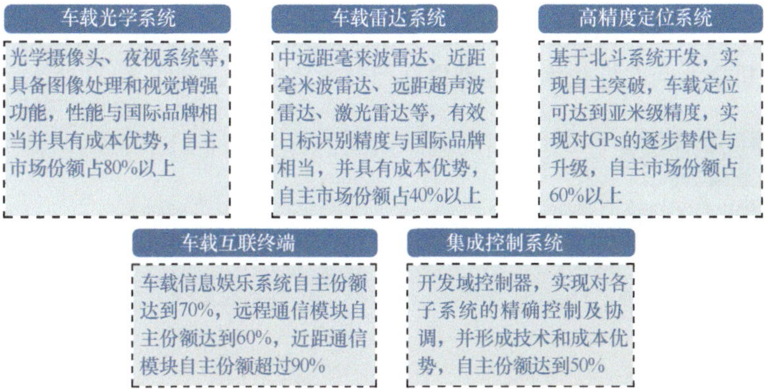

车载光学系统

光学摄像头、夜视系统等，具备图像处理和视觉增强功能，性能与国际品牌相当并具有成本优势，自主市场份额占80%以上

车载雷达系统

中远距毫米波雷达、近距毫米波雷达、远距超声波雷达、激光雷达等，有效目标识别精度与国际品牌相当，并具有成本优势，自主市场份额占40%以上

高精度定位系统

基于北斗系统开发，实现自主突破，车载定位可达到亚米级精度，实现对GPs的逐步替代与升级，自主市场份额占60%以上

车载互联终端

车载信息娱乐系统自主份额达到70%，远程通信模块自主份额达到60%，近距通信模块自主份额超过90%

集成控制系统

开发域控制器，实现对各子系统的精确控制及协调，并形成技术和成本优势，自主份额达到50%

图 1-21　智能网联汽车的关键零部件

（1）环境感知传感器技术　环境感知传感器主要包括超声波雷达、毫米波雷达、激光雷达、视觉传感器及其感知算法，感知对象包括道路、车辆、行人、交通标志、交通信号灯等。如何低成本、高效率、准确地识别出这些感知对象，还有很多技术需要解决。

（2）决策规划技术　汽车驾驶自动化水平的提高，对车辆自主决策能力提出了新的要求，汽车不仅需要在某个具体工况（如超车、巡航和跟车等单一工况）进行决策规划，还需要有在线学习能力以适应更加复杂的道路交通环境和不可预期工况。

（3）控制执行技术　自动驾驶汽车决策规划出行驶路径，由底盘执行机构实现汽车状态控制和轨迹跟踪，这一过程中，控制执行技术起着至关重要的作用。目前，传统汽车底盘的控制结构仍为分布式电子架构，不同子系统都有各自的运算控制器，较难实现所有功能的协同控制，必须实现线控底盘。

（4）交互通信技术　交互通信技术主要包括人机交互、车载通信模块、V2X 通信技术等。其中人机交互包驾驶人监控、语音交互、语义理解、手势控制和虚拟现实等，主要依靠深度学习和大数据等技术实现；车载通信模块具有通信网关和防火墙机制，支持报警、服务类功能、远程车辆操控类功能、车辆信息反馈类功能和基于位置的服务类等信息控制功能；V2X 通信技术通过车辆在行驶环境中与其他交通参与者实时互联通信，获得其交通参数，对传输速度、延时性和丢包率等均有较高的要求。

（5）计算芯片技术　芯片是智能网联汽车的核心运算单元，主要包括中央处理器、图形处理器、现场可编程门阵列及专用定制芯片等。

（6）云计算平台　云计算平台通过以太网络与车辆、路侧设备进行远程通信，实现远程监控、车辆追踪、调度管理和路径规划等功能，同时它还能够利用云计算和大数据处理，为自动驾驶控制策略、智能交通控制管理的研究提供数据依据。

（7）网络信息安全　智能网联汽车需满足车联网通信的保密性、完整性、可鉴别性等要求。通过引入密码安全芯片、设计“端-管-云”安全主动防御机制、密码安全协议和设置可信计算区域等手段，可对云计算平台和车载终端进行软件代码和物理硬件安全升级。

（8）虚拟测试技术　运用计算机建模可构建出虚拟的街道、城乡和高速公路等作为测试环境，在虚拟环境中可加入测试用例。这种虚拟测试方法可以大大提高自动驾驶技术的研发测试效率、缩短研发测试周期，并能提供场地测试无法提供的海量测试场景用例。

3. 智能网联汽车的共性关键技术

智能网联汽车的共性关键技术主要有多源信息融合技术、车辆协同控制技术、数据安全及平台软件、人机交互与共驾技术、基础设施与技术法规等，如图 1-22 所示。

多源信息融合技术	环境感知与多传感器信息融合，V2X 通信模块集成，车载与互联信息融合技术
车辆协同控制技术	整车集成与协同控制技术
数据安全及平台软件	信息安全、系统健康智能监测技术，车载嵌入式操作系统平台软件
人机交互与共驾技术	人机交互、人机共驾与失效补偿技术
基础设施与技术法规	先进智能驾驶辅助、V2X 及多网融合的技术标准体系和测试评价方法，基于 V2X 通信标准体系的道路基础设施

图 1-22　智能网联汽车的共性关键技术

1.6 智能网联汽车的发展趋势

智能网联汽车技术将向着人工智能化、尺寸小型化、成本低廉化、动力电动化、信息互联化和高可靠性方向发展，有利于推动制造业高端化、智能化、绿色化发展。

1. 环境感知技术

77GHz 或 79GHz 毫米波雷达将取代 24GHz 毫米波雷达，其天线尺寸更小、角分辨率更高，芯片材料将向着互补金属氧化物材料发展；激光雷达将向着固态激光雷达发展，并向更高的探测距离和分辨率、更小的尺寸和更低的成本发展；视觉传感器将沿着深度学习的技术路线，向模块化、可扩展、全天候方向发展。

2. 决策规划技术

人工智能技术将由目前所处的机器学习、深度学习阶段向着自主学习方向发展；人工智能算法芯片，将会对软硬件进行深度整合，使其拥有超强的计算能力、更小的体积、更低功耗，算法处理速率将会大幅提升。

3. 车辆控制技术

整车电子电气架构将向着跨域集中式电子架构和车辆集中式电子架构发展，分散的控制单元将减少，取而代之的是应用先进算法的集中控制单元；车辆控制算法也将由传统控制方法向基于模型预测控制、最优控制、神经网络控制和深度学习等智能控制方法转变。

4. 自主式智能与网联式智能技术加速融合

网联式系统能从时间和空间维度突破自主式系统对于车辆周边环境的感知能力。在时间维度，通过 V2X 通信，网联式系统能够提前获知周边车辆的操作信息、红绿灯等交通控制系统信息，以及气象条件、拥堵预测等更长期的未来状态信息。在空间维度，通过 V2X 通信，网联式系统能够感知交叉路口盲区、弯道盲区、车辆遮挡盲区等位置的环境信息，从而帮助自动驾驶系统更全面地掌握周边交通态势。网联式智能技术与自主式智能技术相辅相成，互为补充，正在加速融合发展。

练习题

一、名词解释

1. 智能汽车　2. 车联网　3. 智能网联汽车
4. 自动驾驶汽车　5. 无人驾驶汽车　6. 智能交通系统
7. 智能传感器　8. 底盘线控执行系统　9. 智能座舱系统
10. 智能网联汽车计算平台　11. 智能驾驶　12. 车路协同控制

二、简答题

1. 为什么要大力发展智能网联汽车？
2. 美国SAE和我国对汽车驾驶自动化是如何分级的？
3. 智能网联汽车的层次结构和技术架构是怎样的？
4. 智能网联汽车的关键零部件有哪些？
5. 智能网联汽车的核心关键技术和共性关键技术有哪些？
6. 智能网联汽车的发展趋势是什么？

第 2 章

智能网联汽车智能传感器技术

教学目标

通过本章的学习，学生能够掌握超声波雷达、毫米波雷达、激光雷达和视觉传感器的基础知识，了解传感器融合技术和智能传感器的配置。

教学要求

知识要点	能力与素养要求
超声波雷达	掌握超声波雷达的定义、特点、组成与原理，了解超声波雷达的技术参数以及产品与应用
毫米波雷达	掌握毫米波雷达的定义、特点、组成与原理，了解毫米波雷达的技术参数以及产品与应用
激光雷达	掌握激光雷达的定义、特点、组成与原理，了解激光雷达的技术参数以及产品与应用
视觉传感器	掌握视觉传感器的定义、特点、组成与原理，了解视觉传感器的技术参数以及产品与应用
传感器融合技术	了解传感器的融合原理和融合方案
智能传感器配置实例	了解典型汽车的智能传感器配置；理解智能传感器技术对汽车智能化发展的意义

导入案例

智能网联汽车能够在道路上有序地安全自动行驶，必须对车辆周围环境进行感知（图 2-1）。

智能网联汽车依靠什么传感器进行环境感知？通过对本章知识的学习，读者可以得到答案。

图 2-1　智能网联汽车环境感知

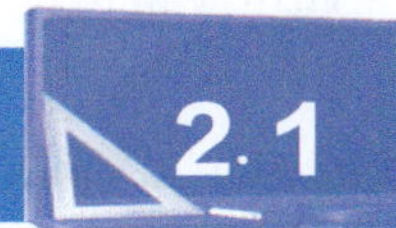

2.1 超声波雷达

2.1.1　超声波雷达的定义与特点

1. 超声波雷达的定义

声波是一种在气体、液体、固体中传播的弹性波。声波按频率的高低分为次声波（$f<20\text{Hz}$）、声波（$20\text{Hz}\leqslant f\leqslant 20\text{kHz}$）和超声波（$f>20\text{kHz}$）。声波是人耳能听到的声音；次声波和超声波是人耳听不到的声音。

超声波雷达也称超声波传感器，它利用超声波特性研制而成，是在超声波频率范围内将交变的电信号转换成声信号或将外界声场中的声信号转换为电信号的能量转换器件。

超声波雷达在汽车上经常用于倒车，所以也称倒车雷达（图 2-2）。

图 2-2　超声波雷达

2. 超声波雷达的特点

超声波雷达具有以下优点。

1）超声波雷达的频率都相对固定，例如汽车上用的超声波雷达，频率有 40kHz、48kHz 和 58kHz 等，其频率不同，探测的范围也不同。

2）超声波雷达结构简单、体积小、成本低、信息处理简单可靠、易于小型化与集成化，并且可以进行实时控制。

3）超声波雷达灵敏度较高。

4）超声波雷达抗环境干扰能力强，对天气变化不敏感。

5）超声波雷达可在室内、黑暗中使用。

超声波雷达具有以下不足。

1）超声波雷达探测距离短，一般为 3~5m，因此应用范围受到限制。

2）超声波雷达适合于低速，在速度很高的情况下测量距离具有一定的局限性。

3）超声波有一定的扩散角，只能测量距离，不可以测量方位，所以只能在低速时使用，而且必须在汽车的前、后保险杠不同方位上安装多个超声波雷达。

4）对于低矮、圆锥、过细的障碍物或者沟坎，超声波雷达不容易探测到。

5）超声波的发射信号和余振的信号都会对回波信号造成覆盖或者干扰，因此在低于某一距离后超声波雷达就会丧失探测功能，这就是普通超声波雷达的探测有盲区的原因之一，若在盲区内，则系统无法探测障碍物。因此，比较好的解决办法是在安装超声波雷达的同时安装摄像头。

2.1.2 超声波雷达的组成与原理

1. 超声波雷达的组成

超声波雷达内部有一个发射头和一个接收头，安装在同一面上。在有效的检测距离内，发射头发射特定频率的超声波，超声波遇到检测面会反射一部分；接收头接收返回的超声波，由芯片记录声波的往返时间，并计算出距离值；超声波雷达可以通过模拟接口和 IIC 接口两种方式将数据传输给控制单元，超声波雷达的组成如图 2-3 所示。

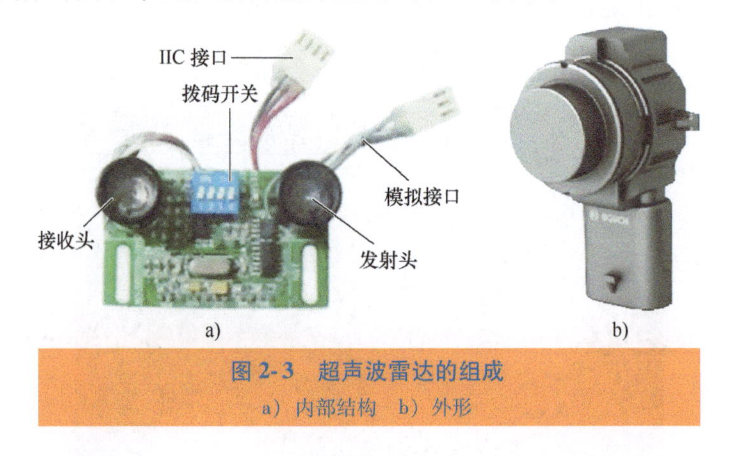

图 2-3 超声波雷达的组成

a）内部结构 b）外形

2. 超声波雷达的测距原理

超声波雷达的测距原理如图 2-4 所示，超声波发射头发出的超声波脉冲，经介质（空气）

传到障碍物表面，反射后通过介质（空气）传到接收头，测出超声波脉冲从发射到接收所需的时间，根据介质中的声速，求得从探头到障碍物表面之间的距离。设探头到障碍物表面的距离为 L，超声波在空气中的传播速度为 v（约为 340m/s），从发射到接收所需的传播时间为 t，当发射头和接收头之间的距离远小于探头到障碍物之间的距离时，则有 $L=vt/2$。只要能测出传播时间，即可求出测量距离。

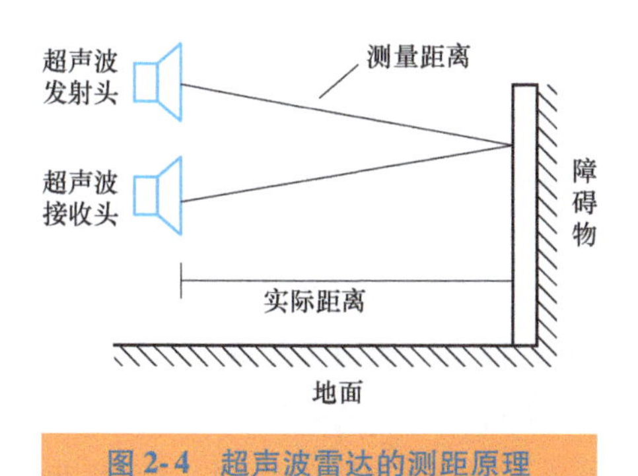

图 2-4 超声波雷达的测距原理

2.1.3 超声波雷达的技术参数

超声波雷达的技术参数主要有测量距离、测量精度、探测角度、工作频率和工作温度等。

1. 测量距离

超声波雷达的测量距离取决于其使用的波长和频率：波长越长，频率越小，测量距离越大。测量汽车前后障碍物的短距超声波雷达测量距离一般为 0.15~2.50m；安装在汽车侧面、用于测量侧方障碍物距离的长距超声波雷达测量距离一般为 0.30~5.0m。

2. 测量精度

测量精度是指传感器测量值与真实值的偏差。超声波雷达测量精度主要受被测物体体积、表面形状、表面材料等影响。被测物体体积过小、表面形状凹凸不平、物体材料吸收声波等情况都会降低超声波雷达的测量精度。测量精度越高，感知信息越可靠，测量精度要求在±10cm以内。

3. 探测角度

由于超声波雷达发射出去的超声波具有一定的指向性，波束的截面类似椭圆形，所以探测的范围有一定限度，探测角度分为水平视场角和垂直视场角。

水平视场角在Ⅰ类障碍物的条件下，以超声波雷达探头中心为基准，距离为 70cm 处，可满足左右各 55°±5°的要求；在Ⅱ类障碍物的条件下，以超声波雷达探头中心为基准，距离为 150cm 处，可满足左右各 55°±5°的要求。

垂直视场角在Ⅰ类障碍物的条件下，以超声波雷达探头中心为基准，距离为 70cm 处，可满足左右各 30°±5°的要求；在Ⅱ类障碍物的条件下，以超声波雷达探头中心为基准，距离为 150cm 处，可满足左右各 30°±5°的要求。

Ⅰ类障碍物是指长度为 1m、直径为 60mm 的塑胶水管；Ⅱ类障碍物是指方形平面尺寸为 10cm×10cm 的纸板。

4. 工作频率

工作频率直接影响超声波的扩散和吸收损失、障碍物反射损失、背景噪声，并直接决定传感器的尺寸。发射频率要求是（40±2）kHz，这样传感器方向性尖锐，且避开了噪声，提高了信噪比。虽然该发射频率传播损失相对低频有所增加，但不会给发射和接收带来困难。

5. 工作温度

由于超声波雷达应用广泛，有的应用场景要求温度很高，有的应用场景要求温度很低，因此，超声波雷达必须满足工作温度的要求。工作温度一般要求-30~80℃。

2.1.4 超声波雷达的产品与应用

1. 超声波雷达的产品

智能网联汽车上常见的超声波雷达有两种：第一种是安装在汽车前、后保险杠上的，也就是用于探测汽车前后障碍物的超声波雷达，测量距离一般为0.15~2.5m，称为超声波泊车辅助（UPA）超声波雷达；第二种是安装在汽车侧面的，用于探测侧方停车空间的超声波雷达，测量距离一般为0.30~5.0m，称为自动泊车辅助（APA）超声波雷达。

博世公司的超声波雷达主要技术参数见表2-1。

表2-1 博世公司的超声波雷达主要技术参数

项　目	参　数
最小测量距离/mm	0.15
最大测量距离/mm	5.5
目标分辨率/cm	3~15
水平视场角（°）	±70
垂直视场角（°）	±35
尺寸/mm	44×26
质量/g	14
工作温度/℃	-40~85
电流消耗/mA	7
防护安全等级	IP64k

2. 超声波雷达的应用

超声波雷达主要用于泊车系统。自动泊车是最常见的泊车辅助系统。泊车辅助系统在汽车低速巡航时，使用超声波雷达感知周围环境，帮助驾驶人找到尺寸合适的空车位，并在驾驶人发送泊车指令后，将汽车泊入车位。

自动泊车系统使用的传感器包括8个安装于汽车前、后的UPA超声波雷达和4个安装于汽车两侧的APA超声波雷达，雷达的感知范围如图2-5所示。

APA超声波雷达的探测范围远而窄，常见APA超声波雷达最远测量距离为5m；UPA超声波雷达的探测范围近而宽，常见的UPA超声波雷达测量距离为3m。不同的探测范围决定了它们不同的分工。

APA超声波雷达的作用是在汽车低速巡航时，完成空库位的寻找和校验工作（图2-6）。随着汽车低速行驶过空库位，安装在前侧方的APA超声波雷达的测量距离有一个先变小、再变大、再变小的过程。一旦汽车控制器探测到这个过程，可以根据车速等信息得到库位的宽度以及是否是空库位的信息。后侧方的APA超声波雷达在汽车低速巡航时也会探测到类似的信息，汽车控制器可根据这些信息对空库位进行校验，避免误检。

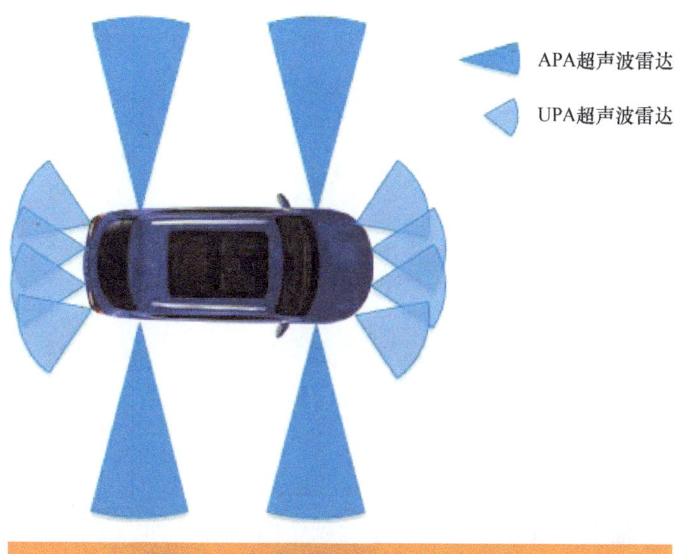

图 2-5　自动泊车系统环境感知范围

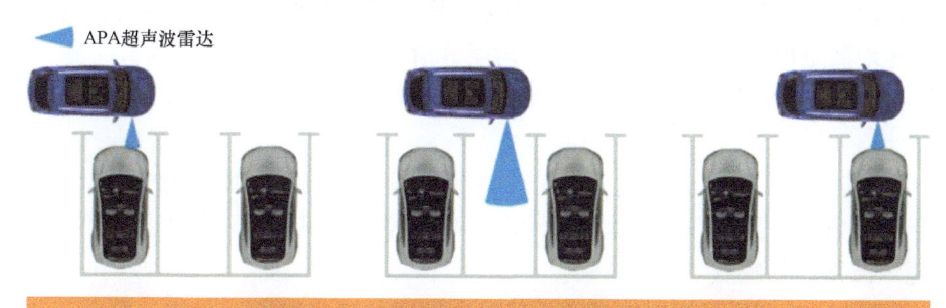

图 2-6　APA 超声波雷达检测库位原理图

使用 APA 超声波雷达检测到空库位后，汽车控制器会根据自车的尺寸和库位的大小，规划出一条合理的泊车轨迹，控制转向盘、变速器和加速/制动踏板进行自动泊车。在泊车过程中，安装在汽车前后的 8 个 UPA 超声波雷达会实时感知环境信息，实时修正泊车轨迹，避免碰撞。

自动泊车辅助需要驾驶人在车内实时监控，以保证泊车顺利完成，属于 SAE L2 级别的自动驾驶技术。

2.2 毫米波雷达

2.2.1 毫米波雷达的定义与特点

1. 毫米波雷达的定义

毫米波是指波长为 1~10mm 的电磁波，对应的频率范围为 30~300GHz。

毫米波雷达是工作在毫米波频段的雷达，它通过发射与接收高频电磁波来探测目标，其后端信号处理模块利用回波信号计算出目标的距离、速度和角度等信息，毫米波雷达外观如图 2-7 所示。毫米波雷达是智能网联汽车核心传感器之一，主要用于先进驾驶辅助系统（ADAS）的自适应巡航控制（ACC）、自动紧急制动（AEB）、前向碰撞预警（FCW）、盲区监测（BSD）、变道辅助（LCA），用于车辆检测和行人检测等。

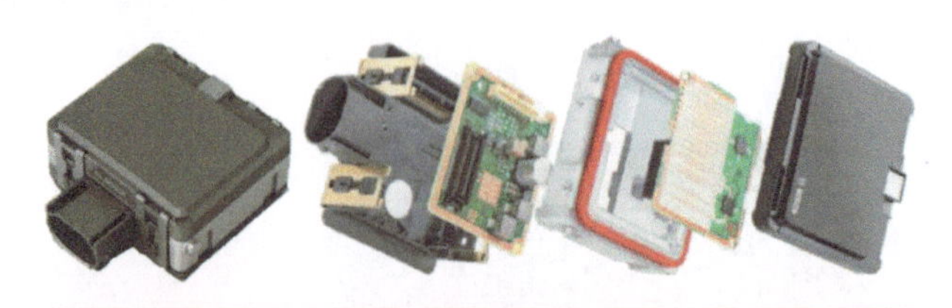

图 2-7 毫米波雷达

2. 毫米波雷达的特点

（1）毫米波雷达的优点

1）探测距离远。毫米波雷达探测距离可达 200m 以上。

2）探测性能好。毫米波波长较短，汽车行驶中的前方目标一般都是由金属构成，这会形成很强的电磁反射，其探测不受颜色与温度的影响。

3）响应速度快。毫米波的传播速度与光速一样，并且其调制简单，配合高速信号处理系统，可以快速地测量出目标的距离、速度和角度等信息。

4）适应能力强。毫米波具有很强的穿透能力，在雨、雪、大雾等恶劣天气依然可以正常工作。

5）抗干扰能力强。毫米波雷达一般工作在高频段，而周围的噪声和干扰处于中低频区，基本上不会影响毫米波雷达的正常运行，因此，毫米波雷达具有抗低频干扰的特性。

（2）毫米波雷达的缺点

1）毫米波雷达是利用目标对电磁波的反射来发现并测定目标位置的，而充满杂波的外部环境会给毫米波雷达感知经常带来虚警问题。

2）覆盖区域呈扇形，有盲点区域。

3）无法识别交通标志和交通信号灯。

4）无法识别道路标线。

2.2.2 毫米波雷达的组成与原理

1. 毫米波雷达的组成

毫米波雷达由发射模块、接收模块、信号处理模块及天线组成，如图 2-8 所示。毫米波雷达在工作状态时，发射模块生成射频电信号，通过天线将电信号（电能）转化为电磁波发出；接收模块接收到射频信号后，将射频电信号转换为低频信号；信号处理模块从低频信号中获取距离、速度和角度等信息。毫米波雷达工作的必要条件还有软件算法的实现。

2. 汽车毫米波雷达的工作过程

汽车毫米波雷达的工作过程如图 2-9 所示，它的工作过程是通过内置天线向外发射毫米波，接收机接收目标反射信号，经信号处理器处理后快速准确地获取汽车周围的环境信息（如汽车与其他物体之间的相对距离、相对速度、角度、行驶方向等），然后根据所探知的物体信息进行目标追踪和识别，进而结合车身动态信息进行数据融合，最终通过微处理模块进行智能处理；经合理决策后，以声、光及触觉等多种方式告知或警告驾驶人，或及时对汽车做出主动干预，从而保证汽车行驶安全性和舒适性，减少事故发生率。

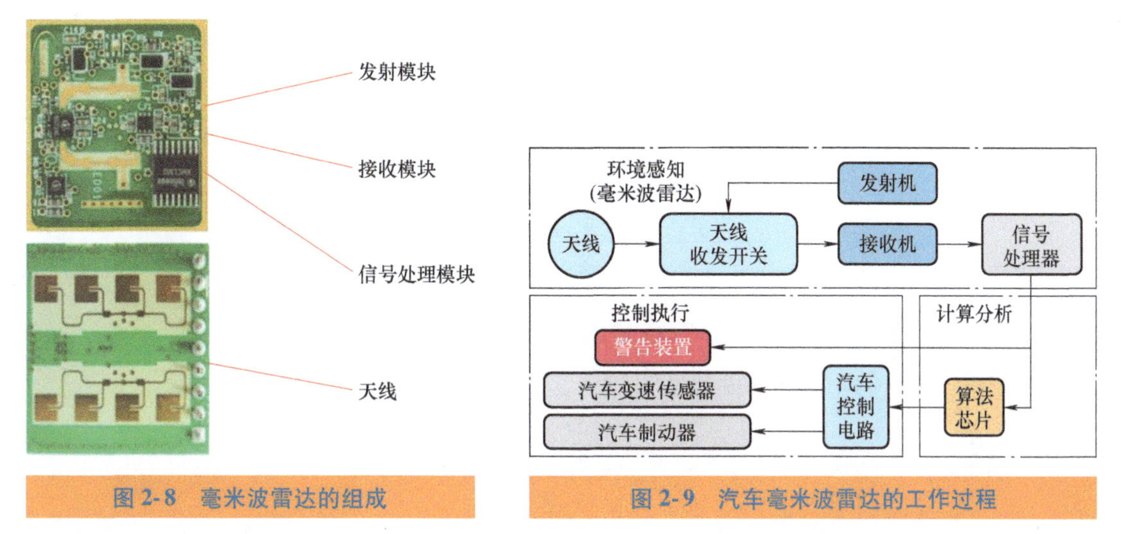

图 2-8 毫米波雷达的组成

图 2-9 汽车毫米波雷达的工作过程

3. 毫米波雷达的测量原理

毫米波雷达利用多普勒效应测量得出目标的距离和速度，它通过发射源向给定目标发射毫米波信号，并分析发射信号频率和反射信号频率之间的差值，精确测量出目标相对于毫米波雷达的距离和速度等信息。

多普勒效应是当目标相对于辐射源发生运动时，目标对回波信号产生调制作用从而使回波信号中心频率发生偏移的现象。发射信号照射到目标后会产生回波信号，回波到目标的波形具有间隔为波长的等相位波前。当目标与雷达发生相对运动时，若相互靠近，则回波的等相位波前会相互靠近，即波长变短；若相互远离，则回波的等相位波前会相互远离，即波长变长，多普勒效应原理如图 2-10 所示。

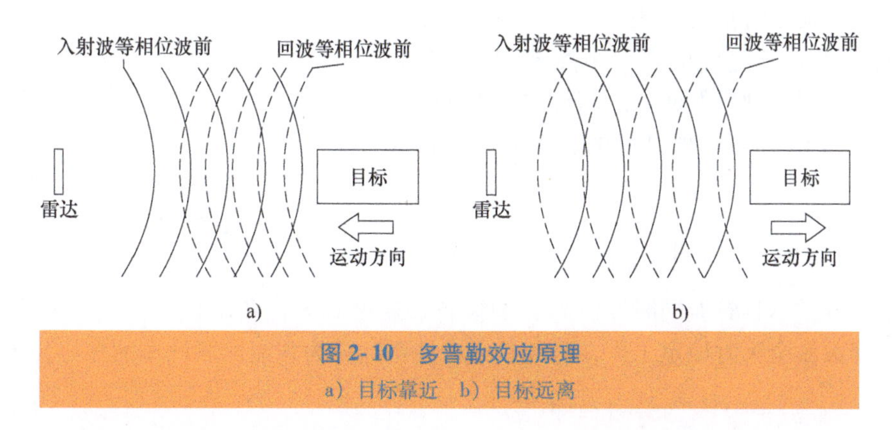

图 2-10 多普勒效应原理
a）目标靠近 b）目标远离

毫米波雷达通过发射模块发射毫米波信号，发射信号遇到目标后，经目标的反射会产生回波信号，发射信号与回波信号相比形状相同，时间上存在差值；当目标与毫米波雷达信号发射源之间存在相对运动时，发射信号与回波信号之间除存在时间差外，还会产生多普勒频率，毫米波雷达的测量原理如图 2-11 所示。图 2-11 中，Δf 为调频带宽；f_{d} 为多普勒频率；f' 为发射信号与反射信号的频率差；T 为信号发射周期；Δt 为发射信号与回波信号的时间间隔。

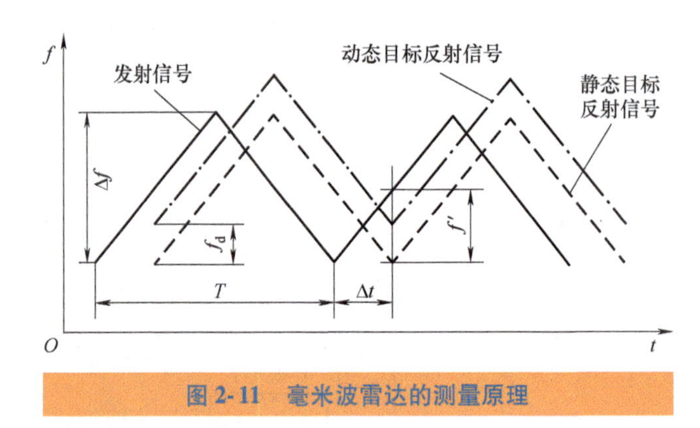

图 2-11　毫米波雷达的测量原理

毫米波雷达测量的距离和速度分别为

$$s=\frac{c\Delta t}{2}=\frac{cTf'}{4\Delta f} \tag{2-1}$$

$$u=\frac{cf_{\mathrm{d}}}{2f_0} \tag{2-2}$$

式中，s 为相对距离（m）；u 为相对速度（m/s）；c 为光速（m/s）；f_0 为发射信号的中心频率（Hz）。

通过毫米波雷达的发射天线发射出毫米波信号后，毫米波被监测目标反射回来，被并列的接收天线接收，通过收到同一监测目标反射信号的相位差，就可以计算出被监测目标的方位角。利用毫米波雷达测量目标方位角原理如图 2-12 所示。毫米波雷达发射天线 TX 向目标发射毫米波，2 个接收天线 RX1 和 RX2 接收目标反射信号。毫米波雷达接收天线 RX1 和接收天线 RX2 之间的几何距离 d，以及 2 根毫米波雷达天线所收到反射回波的相位差 b，通过三角函数计算即可得到被监测目标的方位角 α_{AZ} 的值（式 2-3）。

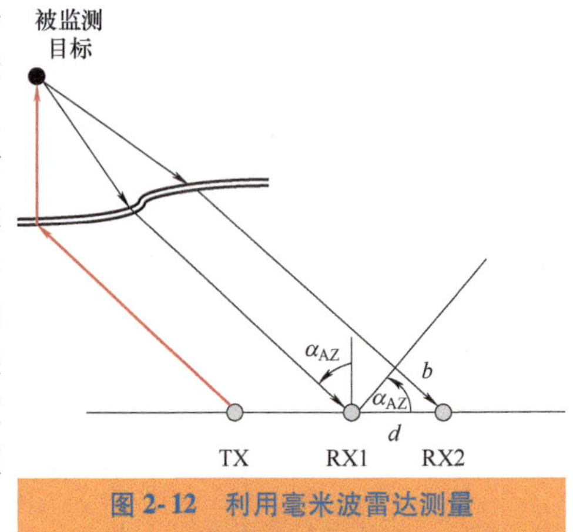

图 2-12　利用毫米波雷达测量目标方位角原理

$$\alpha_{\mathrm{AZ}}=\arcsin\left(\frac{\lambda b}{2\pi d}\right) \tag{2-3}$$

由于毫米波雷达具有能同时监测目标的位置、速度和方位角的优势，又有较强的抗干扰能力，可以全天候全天时稳定工作，因此，毫米波雷达成为智能网联汽车的核心传感器之一。

2.2.3　毫米波雷达的技术参数

毫米波雷达有以下主要技术参数。

（1）最大探测距离　最大探测距离是指毫米波雷达所能检测目标的最大距离，不同的毫米波雷达，最大探测距离是不同的。

（2）距离分辨率　距离分辨率是指在规定条件下，毫米波雷达能区分前后临近两个目标的最小距离间隔。

（3）距离灵敏度　距离灵敏度是指单目标的距离变化时，毫米波雷达可探测的最小绝对变化距离值。

（4）距离测量精度　距离测量精度是指毫米波雷达测量单目标时，目标距离的测量值与其真值之差。

（5）最大探测速度　最大探测速度是指毫米波雷达能够探测目标的最大速度。

（6）速度分辨率　速度分辨率表示速度维区分两个同一位置的目标的能力。

（7）速度灵敏度　速度灵敏度是指单目标的速度变化时，毫米波雷达可探测的最小绝对变化速度值。

（8）速度测量精度　速度测量精度是指毫米波雷达测量单目标时，目标速度的测量值与其真值之差。

（9）视场角　视场角是指在规定的测试条件下，在满足规定识别率的状态下，毫米波雷达有效识别目标的探测范围，分为水平视场角和垂直视场角。

（10）角度分辨率　角度分辨率是指在规定条件下，毫米波雷达模组能区分左右临近两个目标的最小角度间隔。

（11）角度灵敏度　角度灵敏度是指单目标的角度变化时，毫米波雷达可探测的最小绝对变化角度值。

（12）角度测量精度　角度测量精度是指毫米波雷达测量单目标时，目标角度的测量值与其真值之差。

（13）识别率　识别率是指毫米波雷达模组正确识别目标信息的程度。

（14）误检率　误检率是指毫米波雷达模组将目标识别为一个错误目标的比例。

（15）漏检率　漏检率是指毫米波雷达模组未能识别目标报文的比例。

2.2.4　毫米波雷达的产品与应用

1. 毫米波雷达的类型

毫米波雷达按探测距离可分为短距离（SRR）、中距离（MRR）和长距离（LRR）毫米波雷达。短距离毫米波雷达一般探测距离小于60m；中距离毫米波雷达一般探测距离为100m左右；长距离毫米波雷达探测距离一般大于200m。有的企业只将毫米波雷达分为短距离毫米波雷达和长距离毫米波雷达，具体探测距离以产品说明书为准。

毫米波雷达按采用的毫米波频段不同，划分为24GHz、60GHz、77GHz和79GHz毫米波雷达。主流可用频段为24GHz和77GHz，其中24GHz适合短距离探测，77GHz适合长距离探测（图2-13）。从24GHz过渡到77GHz，距离分辨率和精度将会提高约20倍。例如，24GHz毫米波雷达的距离分辨率为75cm，而77GHz毫米波雷达则提高到4cm，这使其可以更好地探测多个彼此靠近的目标。

2. 德国大陆公司毫米波雷达系列产品

德国大陆公司毫米波雷达系列产品如图2-14所示。

（1）毫米波成像雷达ARS 430　毫米波成像雷达ARS 430属于77GHz长距离毫米波雷达，其最大探测距离达到250m；适用于自适应巡航控制（ACC）、自动紧急制动（AEB）、前向碰撞预警（FCW）、行人碰撞预警（PCW）、盲区监测（BSD）、自动泊车辅助（APA）等先进驾驶辅助系统。

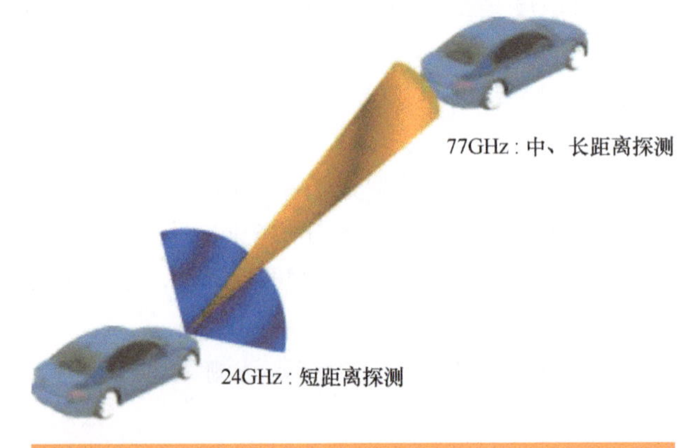

图 2-13 毫米波雷达的类型

毫米波成像雷达ARS 430

77GHz长距离雷达ARS408-21SC3

77GHz长距离雷达ARS 404

77GHz长距离雷达ARS 308

24GHz宽角雷达SRR 308

24GHz宽角雷达SRR 208

图 2-14 德国大陆公司毫米波雷达系列产品

（2）77GHz 长距离雷达 ARS408-21SC3 77GHz 长距离雷达 ARS408-21SC3 的最大探测距离达到 250m；适用于自适应巡航控制（ACC）、自动紧急制动（AEB）、前向碰撞预警（FCW）等先进驾驶辅助系统和自动驾驶等场景。

（3）77GHz 长距离雷达 ARS 404 77GHz 长距离雷达 ARS 404 的最大探测距离为 170m，适用于自适应巡航控制（ACC）、自动紧急制动（AEB）、前向碰撞预警（FCW）等先进驾驶辅助系统。

（4）77GHz 长距离雷达 ARS 308 77GHz 长距离雷达 ARS 308 的最大探测距离为 200m；适用于自适应巡航控制（ACC）、自动紧急制动（AEB）、前向碰撞预警（FCW）等先进驾驶辅助系统。

（5）24GHz 宽角雷达 SRR 308 24GHz 宽角雷达 SRR 308 的最大探测距离为 90m；其视场角从-75°~+75°到-90°~+90°；适用于盲区监测（BSD）和变道辅助（LCA）。

（6）24GHz 宽角雷达 SRR 208　24GHz 宽角雷达 SRR 208 的最大探测距离为 50m；其视场角从−20°～+20°到−75°～+75°；适用于盲区监测（BSD）和变道辅助（LCA）。

3. 森思泰克公司的毫米波雷达系列产品。

森思泰克公司的毫米波雷达系列产品有 24GHz 毫米波雷达和 77GHz 毫米波雷达。

（1）24GHz 毫米波雷达　24GHz 毫米波雷达外形如图 2-15 所示，它属于中短距离毫米波雷达，其中 STA24-1 毫米波雷达可用于车辆侧后方的盲区监测与变道辅助预警，可提高驾驶安全性；STA24-4 毫米波雷达可用于车辆侧后方的盲区监测预警，可提高驾驶安全性。

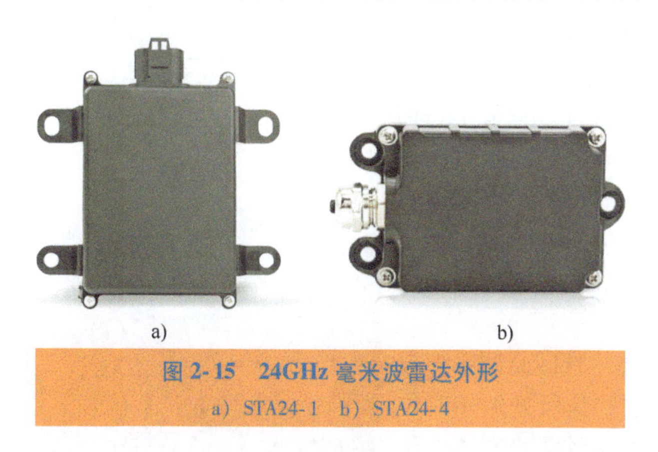

图 2-15　24GHz 毫米波雷达外形
a）STA24-1　b）STA24-4

（2）77GHz 毫米波雷达　77GHz 毫米波雷达外形如图 2-16 所示，它们可以准确测量有效范围内目标车辆的距离、速度及角度等信息，同时具有三维空间分辨能力。

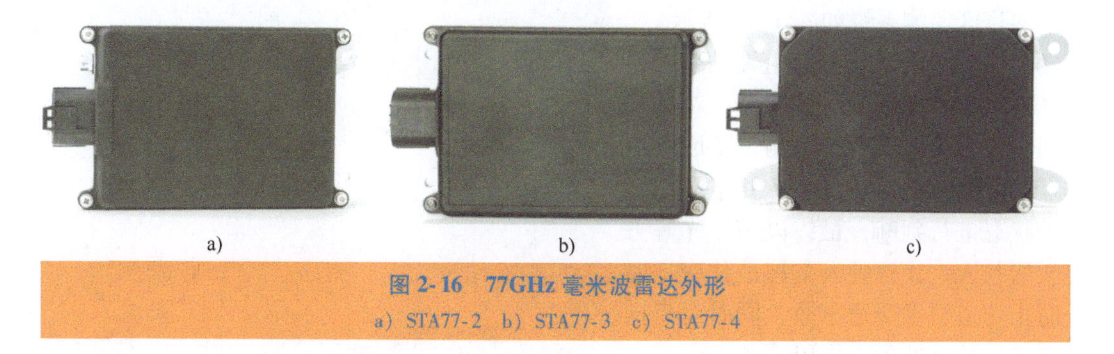

图 2-16　77GHz 毫米波雷达外形
a）STA77-2　b）STA77-3　c）STA77-4

4. 毫米波雷达的应用

毫米波雷达在智能网联汽车上主要应用于自适应巡航控制系统、前向碰撞预警系统、自动紧急制动系统、盲区监测系统、变道辅助系统等。

（1）自适应巡航控制系统　自适应巡航控制系统是一种可以依据设定的车速或距离跟随前方车辆行驶，或根据前车速度主动控制自车行驶速度，最终将车辆与前车保持在安全距离的辅助驾驶功能，该功能最大的优点是可以有效地解放驾驶人的双脚，提高驾驶的舒适性，基于毫米波雷达的自适应巡航控制系统如图 2-17 所示。

（2）前向碰撞预警系统　前向碰撞预警系统是通过毫米波雷达不断监测前方的车辆，判断自车与前车之间的距离、方位及相对速度，探测前方是否有潜在的碰撞危险的系统。当驾驶人没有采取制动措施时，仪表会显示警告信息并伴随声音，警告驾驶人务必采取应对措施，基于毫米波雷达的前向碰撞预警系统如图 2-18 所示。当判断事故即将发生时，系统会自动介入工作并使汽车制动，从而避免事故发生或降低事故可能造成的风险。

图 2-17 基于毫米波雷达的自适应巡航控制系统

（3）自动紧急制动系统 自动紧急制动系统利用毫米波雷达测出与前车或障碍物的距离，然后利用数据分析模块将测出的距离与警报距离、安全距离进行比较，小于警报距离时系统就进行警报提示，而小于安全距离时，即使在驾驶人没有来得及踩制动踏板的情况下，该系统也会启动，使汽车自动制动，从而确保驾驶安全，基于毫米波雷达的自动紧急制动系统如图 2-19 所示。

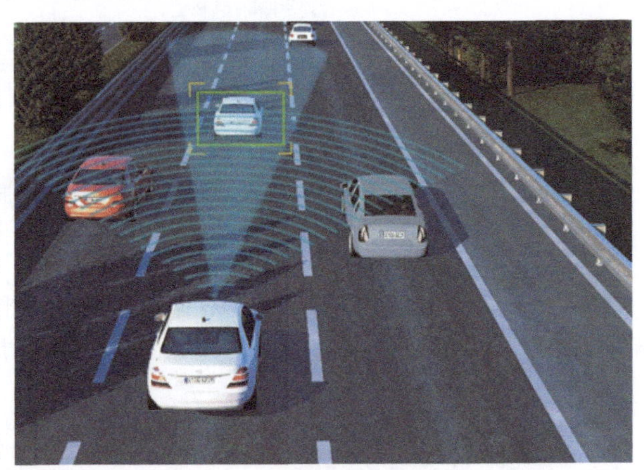

图 2-18 基于毫米波雷达的前向碰撞预警系统

（4）盲区监测系统 盲区监测系统根据毫米波雷达判断移动物体所处的相对位置及与自车的相对速度，当移动物体处于自车的盲区范围内时，系统会及时提醒驾驶人注意变道可能出现的风险，基于毫米波雷达的盲区监测系统如图 2-20 所示。

（5）变道辅助系统 变道辅助系统通过毫米波雷达、摄像头等传感器，对车辆相邻两侧车道及后方进行探测，获取车辆侧方及后方物体的运动信息，并结合当前车辆的状态进行判断，最终以声、光等方式提醒驾驶人，让驾驶人掌握最佳变道时机，防止变道引发交通事故，同时对后向碰撞也有比较好的预防作用。

变道辅助系统包括盲区监测、变道预警和后向碰撞预警 3 个功能，可以有效防止变道、转弯、后方追尾等交通事故的发生，可极大提升汽车变道操作的安全性，基于毫米波雷达的变道辅助系统如图 2-21 所示。

图 2-19 基于毫米波雷达的自动紧急制动系统

目前毫米波雷达多以 24GHz 和 77GHz 产品为主，由于 77GHz 频段的部件具有体积小、天线尺寸短，容易实现单芯片集成结构，具备更高的速度分辨率、信噪比和输出功率，有利于减少成本等优点，因此未来全球车载毫米波雷达的频段将选择 76~81GHz 频段。

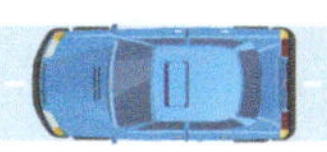

图 2-20 基于毫米波雷达的盲区监测系统

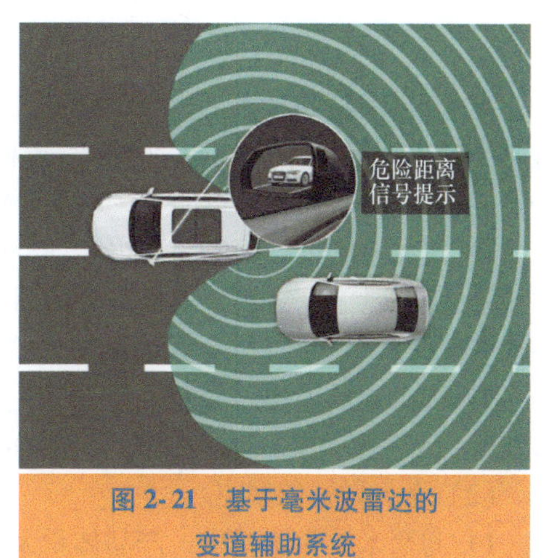

图 2-21 基于毫米波雷达的变道辅助系统

2.3 激光雷达

2.3.1 激光雷达的定义与特点

1. 激光雷达的定义

激光雷达是激光探测及测距系统的简称，是一种以激光器作为发射光源，采用光电探测技术手段的主动遥感设备。激光雷达是工作在光波频段的雷达，它利用光波频段的电磁波先向目标发射探测信号，然后将其接收到的回波信号与发射信号相比较，从而获得目标的位置（距离、方位和高度）、运动状态（速度、姿态）等信息，实现对目标的探测、跟踪和识别。

激光雷达根据安装位置的不同，分为两大类：一类安装在无人驾驶汽车的四周，另一类安装在无人驾驶汽车的车顶。激光雷达及其应用示意图如图 2-22 所示。安装在无人驾驶汽车四周的激光雷达，其激光线束一般小于 8 线，常见的有单线激光雷达和 4 线激光雷达；安装在无人驾驶汽车车顶的激光雷达，其激光线束一般不小于 16 线，常见的有 16 线、32 线、64 线和 128 线激光雷达。

图 2-22 激光雷达及其应用示意图

2. 激光雷达的特点

（1）激光雷达的优点

1）分辨率高：激光雷达可以获得极高的角度、距离和速度分辨率。通常激光雷达的角分辨率不低于0.1mrad，也就是说可以分辨3km距离上相距0.3m的两个目标，并可同时跟踪多个目标；距离分辨率可达0.1m；速度分辨率能达到10m/s以内。

2）探测范围广：探测距离可达300m以上。

3）信息量丰富：可直接获取探测目标的距离、角度、反射强度、速度等信息，生成目标多维度图像。

4）可全天候工作：激光主动探测，不依赖于外界光照条件或目标本身的辐射特性，它只需发射自己的激光束，通过探测发射激光束的回波信号来获取目标信息。

（2）激光雷达的缺点

1）与毫米波雷达相比，产品体积大，成本高。

2）不易识别交通标志和交通信号灯。

2.3.2 激光雷达的组成与原理

1. 激光雷达的组成

激光雷达主要由发射系统、接收系统以及信号处理与控制系统组成，如图2-23所示。发射系统主要负责向障碍物发出激光信号；接收系统主要负责接收经障碍物反射之后回来的激光信息；信号处理与控制系统主要负责将接收回来的信号进行处理，它是激光雷达系统最关键的环节，将直接影响激光雷达系统的测量精度。激光雷达硬件的核心是激光器和探测器；软件的核心是信号的处理算法。不同类型的激光雷达，其组成是有一定差异的。

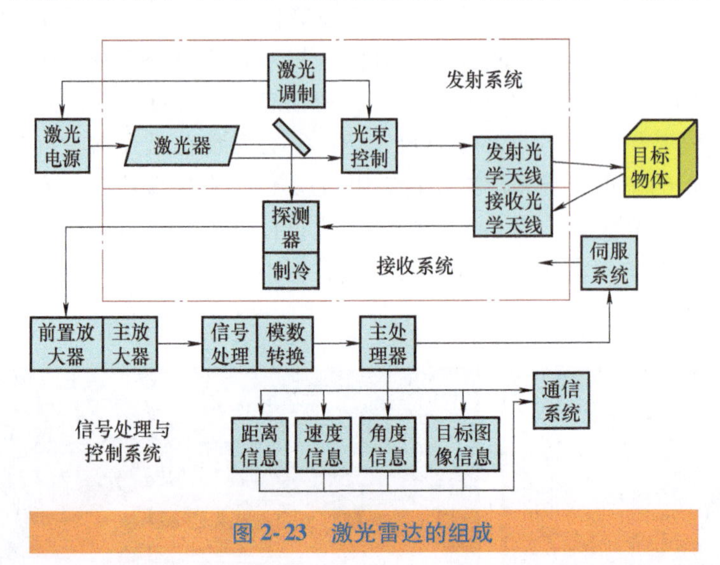

图2-23 激光雷达的组成

威力登（Velodyne）公司的机械式激光雷达HDL-64E的结构如图2-24所示。

2. 激光雷达的测距原理

激光雷达的测距原理是通过测算激光发射信号与激光回波信号的往返时间，从而计算出目标的距离。首先，激光雷达发出激光束，激光束碰到障碍物后被反射回来，被激光接收系统进行接收和处理，从而得知激光从发射至被反射回来并接收之间的时间，即激光的飞行时间，根据飞行时间，可以计算出障碍物的距离。根据所发射激光信号的不同形式，激光测距方式可分为脉冲法激光测距和相位法激光测距两大类，激光雷达的测距原理如图 2-25 所示。图 2-25 中，S 为待测距离；c 为光在空气中传播的速度，$c=3\times10^8\mathrm{m/s}$；$T$ 为激光脉冲从发射到接收的时间；$\Delta\varphi$ 为发射波和返回波之间的相位差；f 为正弦波频率。

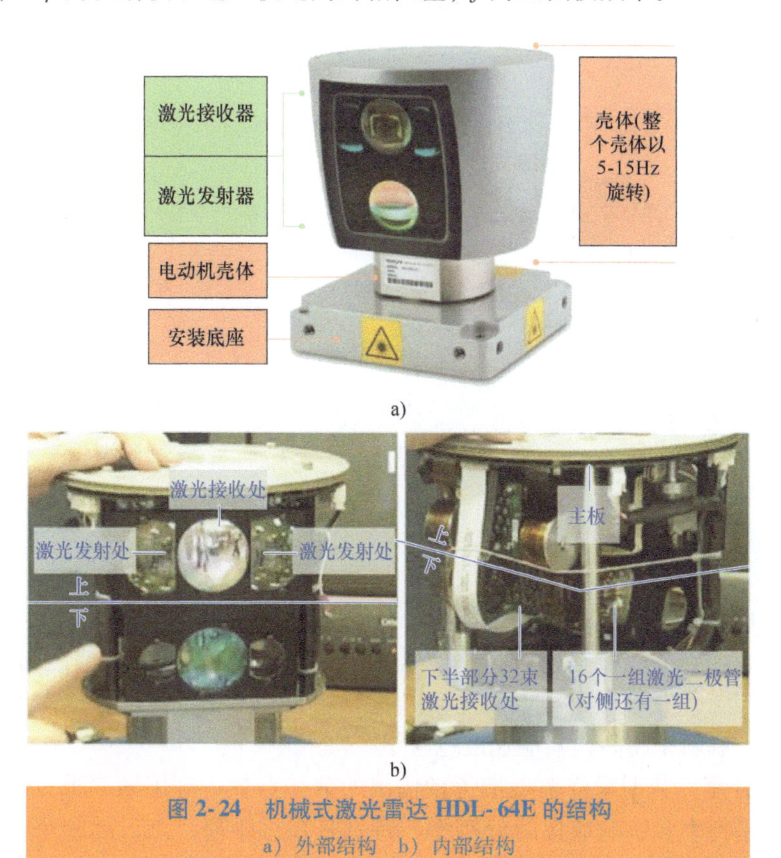

图 2-24 机械式激光雷达 HDL-64E 的结构
a）外部结构 b）内部结构

（1）脉冲法激光测距 脉冲法的原理是激光雷达的发射器发出脉冲激光，脉冲激光照射到障碍物后会有部分激光反射回来，由激光雷达的接收器接收，同时激光雷达内部可以记录发射和接收的飞行时间间隔，根据光速可以计算出要测量的距离。

（2）相位法激光测距 相位法的原理是由激光发射器发出强度调制的连续激光信号，激光照射到障碍物后反射回来，测量光束在往返中会产生相位的变化，通过计算激光信号在雷达与障碍物之间来回飞行产生的相位差，即可换算出障碍物的距离。

2.3.3 激光雷达的技术参数

激光雷达技术参数主要有最大探测距离、距离分辨率、测距精度、测量帧频、数据采样率、视场角、角度分辨率、波长等。

（1）最大探测距离 最大探测距离通常需要标注基于某一个反射率下的测得值，例如白色反射体大约为 70%反射率，黑色反射体为 7%~20%反射率。

（2）距离分辨率 距离分辨率是指两个目标物体可区分的最小距离。

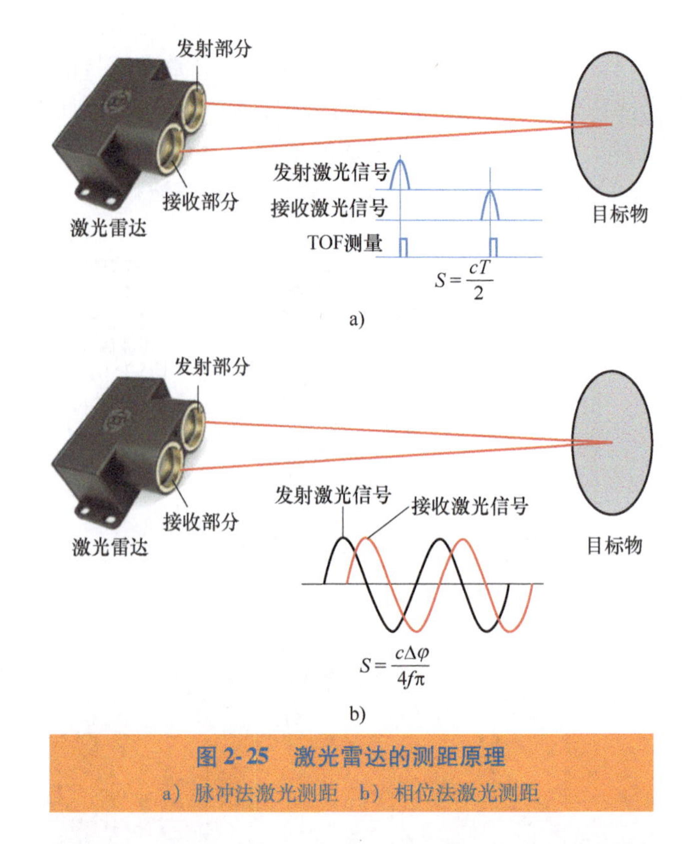

图 2-25　激光雷达的测距原理
a）脉冲法激光测距　b）相位法激光测距

（3）测距精度　测距精度是指对同一目标进行重复测量得到的距离值之间的误差范围。

（4）测量帧频　测量帧频与摄像头的帧频概念相同，激光雷达成像刷新帧频会影响激光雷达的响应速度，刷新率越高，响应速度越快。

（5）数据采样率　数据采样率是指每秒输出的数据点数，等于帧率乘以单幅图像的点云数目，通常数据采样率会影响成像的分辨率，特别是在远距离，点云越密集，目标成像就越精细。

（6）视场角　视场角又分为垂直视场角和水平视场角，是激光雷达的成像范围。

（7）角度分辨率　角度分辨率是指扫描的角度分辨率，等于视场角除以该方向所采集的点云数目，因此本参数与数据采样率直接相关。

（8）波长　激光雷达所采用的激光波长会影响雷达的环境适应性和对人眼的安全性。

2.3.4　激光雷达的产品与应用

1. 激光雷达的产品类型

（1）激光雷达按有无机械旋转部件分类

1）机械激光雷达。机械激光雷达带有控制激光发射角度的旋转部件，体积较大，价格昂贵，测量精度相对较高，一般置于汽车顶部。

2）固态激光雷达。固态激光雷达则依靠电子部件来控制激光发射角度，不需要机械旋转部件，故尺寸较小，可安装于车体内。

3）混合固态激光雷达。混合固态激光雷达没有大体积旋转结构，采用固定激光光源，通过内部玻璃片旋转的方式改变激光光束方向，能实现多角度检测的需要，采用嵌入式安装。

（2）激光雷达接线束数量的多少分类

1）单线束激光雷达。单线束激光雷达扫描一次只产生一条扫描线，其所获得的数据为2D数据，因此无法区分有关目标物体的3D信息。不过，由于单线束激光雷达具有测量速度快、数据处理量少等特点，多被应用于安全防护、地形测绘等领域。

2）多线束激光雷达。多线束激光雷达扫描一次可产生多条扫描线，目前市场上多线束激光雷达产品包括4线束、8线束、16线束、32线束、64线束、128线束等，其可细分为2.5D激光雷达及3D激光雷达。2.5D激光雷达与3D激光雷达最大的区别在于激光雷达垂直视野的范围，前者垂直视野范围一般不超过10°，而后者可达到30°甚至40°以上，这也就导致两者对于激光雷达在汽车上的安装位置要求有所不同。

图2-26所示为40线束机械式激光雷达，雷达外壳内，有40对固定安装在转子上的激光发射器和激光接收器，通过电动机旋转进行水平360°的扫描。该激光雷达探测距离为0.3~200m，水平视场角为360°，垂直视场角为-16°~7°，线束1~6相邻两条线之间的垂直角分辨率为1°，线束6~30相邻两条线之间的垂直角分辨率为0.33°，线束30~40相邻两条线之间的垂直角分辨率为1°。

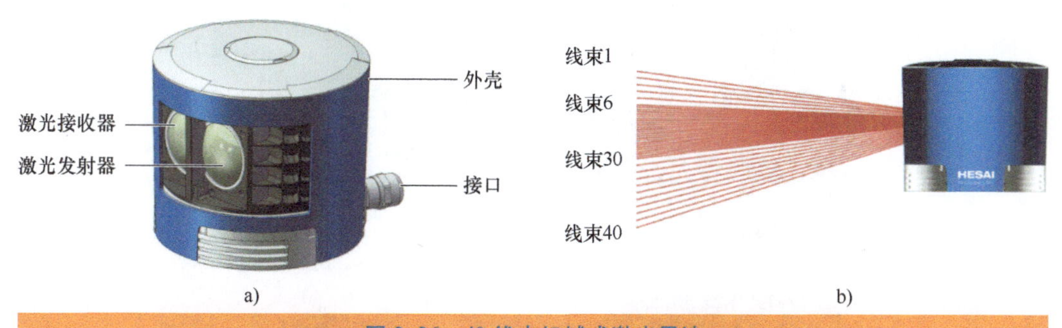

图2-26 40线束机械式激光雷达
a）雷达部分剖面图 b）雷达线束分布示意图

2. 威力登（Velodyne）激光雷达的系列产品

威力登（Velodyne）激光雷达的系列产品如图2-27所示。

（1）VLP-16激光雷达 VLP-16激光雷达能够实时收发数据、360°全覆盖、3D距离测量以及校准反射测量；它拥有16个通道，并且可以在360°水平视场角和30°垂直视场角（-15°~15°）中每秒产生多达30万个三维点云；它没有可见的旋转部件，可以高度灵活地适应要求严苛的环境。

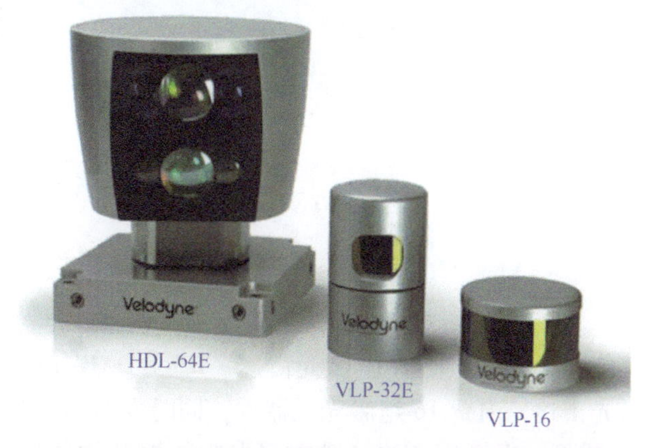

图2-27 威力登（Velodyne）激光雷达的系列产品

（2）VLP-32E激光雷达 VLP-32E激光雷达保留了三维激光雷达的优势，例如360°环绕视场角和实时三维数据，数据包括距离、反射率以及角度等；它具有

200m 的有效测量范围和双回波模式，功耗大约 12W，同时可以捕获更详细的三维点云数据；它拥有 32 个通道，并且可以在 360°水平视场角和 40°垂直视场角（-25°~15°）中每秒产生多达 120 万个三维点云坐标；在水平角度附近拥有更密集的脉冲信号，以便在更远的距离内得到更高的分辨率，这样它就能更准确、更详细地识别物体；它没有可见的旋转部件，允许在 -10~40℃ 环境温度范围和恶劣天气条件下运行。

（3）HDL-64E 激光雷达　HDL-64E 激光雷达拥有 360°的水平视场角，26.8°垂直视场角，5~15Hz 可选帧速率以及每秒 220 万个点的输出，能提供客户所需的距离坐标数据以及环境信息。此款产品有高速数据传输率、高稳定性、高精度和 100Mbit/s 的以太网连接；它使用 64 个固定激光来测量周围环境，每个都机械安装在一个垂直角度，随着整体旋转，从而大大提高了产品的可靠性、视场和点云密度。

3. 速腾聚创激光雷达的系列产品

速腾聚创激光雷达的系列产品如图 2-28 所示。

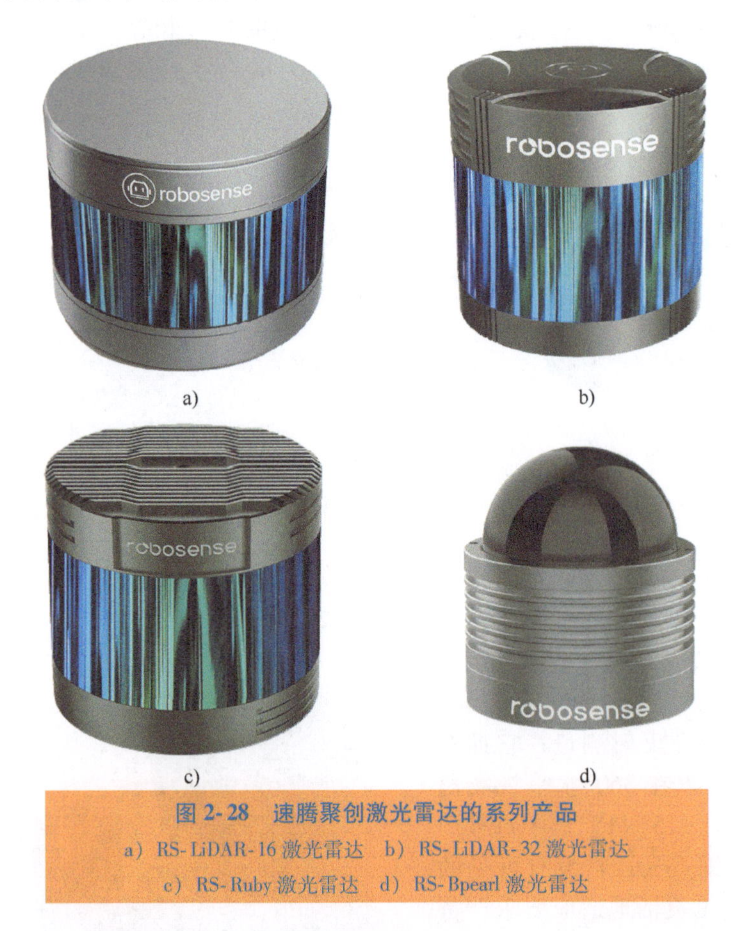

图 2-28　速腾聚创激光雷达的系列产品
a）RS-LiDAR-16 激光雷达　b）RS-LiDAR-32 激光雷达
c）RS-Ruby 激光雷达　d）RS-Bpearl 激光雷达

（1）RS-LiDAR-16 激光雷达　RS-LiDAR-16 激光雷达是速腾聚创公司规模量产的 16 线激光雷达，内置 16 组激光元器件，同时发射与接收高频率激光束，通过 360°旋转，进行实时 3D 成像，提供精确的三维空间点云数据及物体反射率，让机器获得可靠的环境信息，为定位、导航、避障等提供有力的保障。

（2）RS-LiDAR-32 激光雷达　RS-LiDAR-32 激光雷达是速腾聚创量产的 32 线混合固态激光雷达产品，是专为满足高速自动驾驶需求而设计的小型激光雷达，产品采用了中间密两边疏的激光头布局设计。

（3）RS-Ruby 激光雷达　RS-Ruby 激光雷达是一款面向 L4 级自动驾驶的 128 线激光雷达，与 RS-LiDAR-32 相比，其垂直分辨率提高 3 倍以上，达到 0.1°，探测距离提高 2~3 倍，能充分满足高速自动驾驶的需求。

（4）RS-Bpearl 激光雷达　RS-Bpearl 激光雷达是专门为扫除盲区设计的新型近距离激光雷达，能够探测数厘米之内的物体，加上 360°×90°超广视场角，能有效扫除车身周围盲区。

4. 激光雷达的应用

少线束激光雷达主要用于智能网联汽车 ADAS，奥迪 A8L 安装的 4 线束激光雷达如图 2-29 所示，其可适用于自适应巡航控制系统、车道偏离预警系统、自动紧急制动系统、交通拥堵辅助系统等。

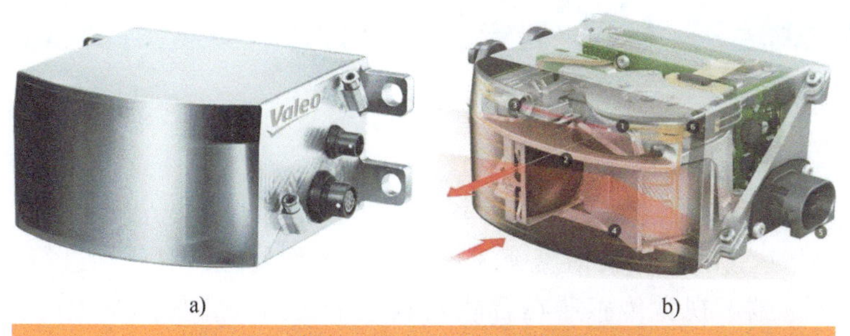

图 2-29　奥迪 A8L 安装的 4 线束激光雷达
a）激光雷达外形　b）激光雷达内部

多线束激光雷达具有高精度电子地图和定位、障碍物识别、可通行空间检测、障碍物轨迹预测等功能。

L4 级和 L5 级的智能网联汽车必须使用多线束激光雷达，360°发射激光，从而达到 360°扫描，获取车辆周围行驶区域的三维点云，通过比较连续感知的点云、物体的差异检测周边物体的运动，由此创建一定范围内的 3D 地图，激光雷达获取车辆周围的三维点云图如图 2-30 所示。

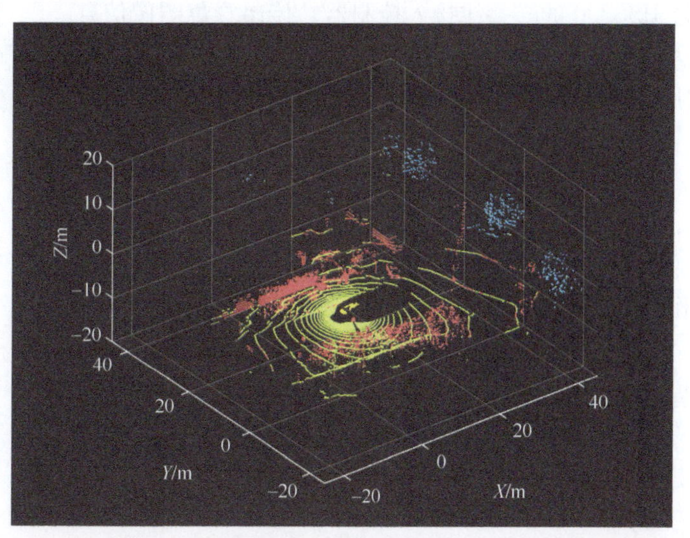

图 2-30　激光雷达获取车辆周围的三维点云图

无人驾驶汽车的精准定位和路径跟踪必须依靠激光雷达和高精度

地图等（图 2-31）。

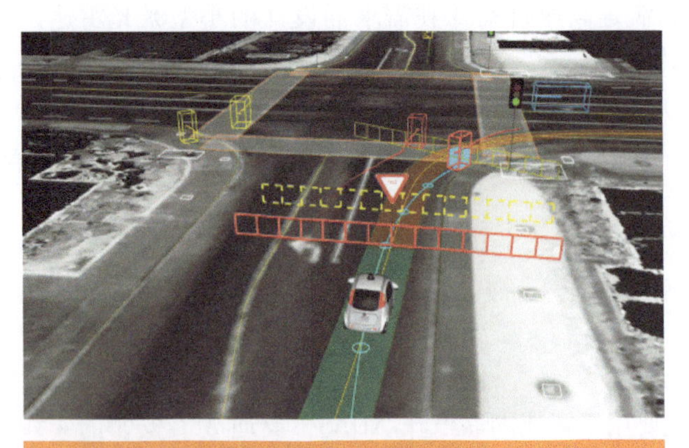

图 2-31　利用激光雷达进行精准定位和路径跟踪

2.4　视觉传感器

2.4.1　视觉传感器的定义与特点

1. 视觉传感器的定义

视觉传感器是指通过对摄像头拍摄到的图像进行图像处理，对目标进行检测，并输出数据和判断结果的传感器。视觉传感器在智能网联汽车或无人驾驶汽车上的应用是以摄像头（机）出现，并搭载先进的人工智能算法，便于目标检测和图像处理。

图 2-32 所示为某无人驾驶汽车上使用的车载摄像机，该无人驾驶汽车使用了两个同样的摄像机，通过 USB3.0 的转接线接入控制器，传递彩色图像信息。两个摄像机的镜头的焦距分别是 6mm 和 25mm，分别用于检测近处和远处的红绿灯。

图 2-32　车载摄像机

2. 视觉传感器的特点

视觉传感器具有以下特点。

1）视觉图像的信息量极为丰富，尤其是彩色图像，不仅包含有视野内目标的距离信息，而且还有该目标的颜色、纹理、深度和形状等信息。

2）在视野范围内可同时实现车道线检测、车辆检测、行人检测、交通标志检测、交通信号灯检测等，信息获取量大。当多辆智能网联汽车同时工作时，不会出现相互干扰的现象。

3）通过摄像头可以实现同时定位和建图。

4）视觉信息获取的是实时的场景图像，提供的信息不依赖于先验知识，有较强的适应环境的能力。

5）视觉传感器与机器学习、深度学习等人工智能相融合，可以获得更佳的检测效果，必将扩大视觉传感器在智能网联汽车和无人驾驶汽车上的应用范围。

视觉传感器的发展趋势是探测距离越来越远，识别能力越来越强，必须与深度学习相结合。在未来几年，视觉传感器的最大探测距离预计可达到200~300m，像素在200万~800万之间，性能与远距离毫米波雷达差距大幅缩小，同时具备成本和图像识别等方面的优势。

2.4.2 视觉传感器的组成与原理

1. 视觉传感器的组成

视觉传感器主要由光源、镜头、图像传感器、模-数转换器、图像处理器、图像存储器等组成，如图2-33所示，其主要功能是获取视觉传感器要处理的最原始图像。

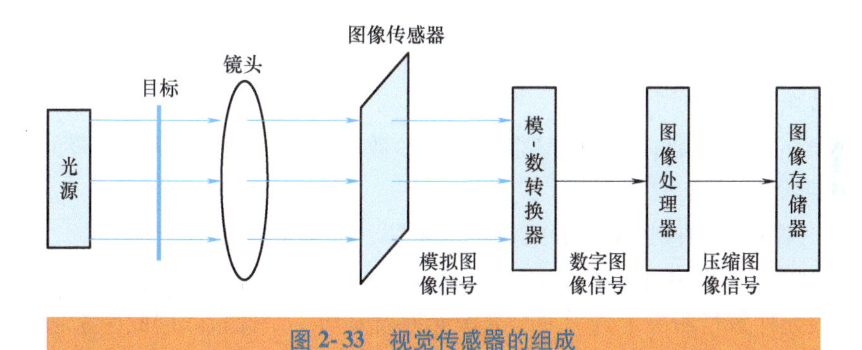

图2-33 视觉传感器的组成

2. 视觉传感器的成像原理

图像传感器的作用是将镜头所成的图像转变为数字或模拟信号输出，是视觉检测的核心部件，主要有CCD图像传感器（以下简称CCD）和CMOS图像传感器（以下简称CMOS）两种（图2-34）。

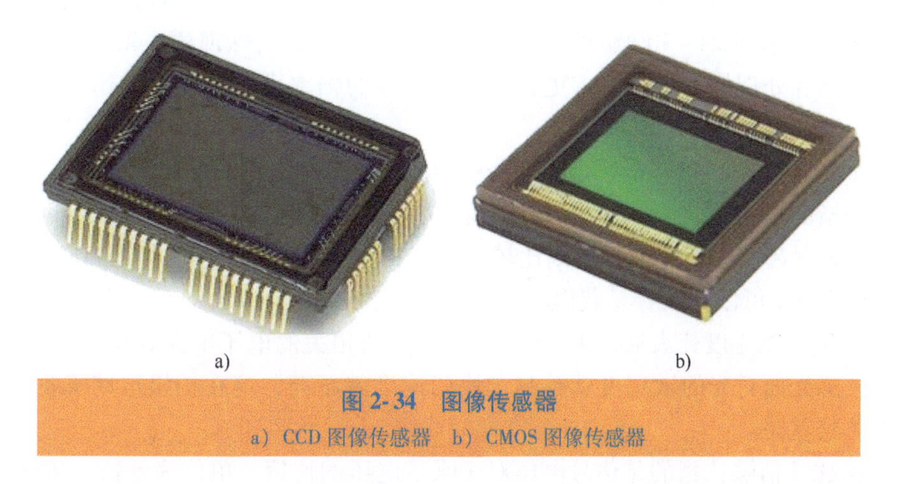

a) b)

图2-34 图像传感器
a）CCD图像传感器 b）CMOS图像传感器

（1）CCD成像原理 CCD成像原理是当光线与图像从镜头透过投射到CCD表面时，CCD就会产生电流，将感应到的内容转换成数码资料储存起来。CCD像素数目越多，单一像素尺寸越大，收集到的图像就会越清晰。

（2）CMOS成像原理 CMOS成像原理是利用硅和锗这两种元素所做成的半导体，使其在

CMOS 上共存着带负电的 N 级和带正电的 P 级半导体，这两个互补效应所产生的电流即可被处理芯片记录和解读成影像。

CCD 与 CMOS 的主要差异：CCD 中每一行中每一个像素的电荷数据都会依次传送到下一个像素中，由最底端部分输出，再经由传感器边缘的放大器进行放大输出；而在 CMOS 中，每个像素都会邻接一个放大器及 A-D 转换电路，用类似内存电路的方式将数据输出。

造成这种差异的原因在于：CCD 的特殊工艺可保证数据在传送时不会失真，因此各个像素的数据可汇聚至边缘再进行放大处理；而 CMOS 的工艺导致数据在传送距离较长时会产生噪声，因此，必须先放大再整合各个像素的数据。

CMOS 虽然成像质量不如 CCD，但是 CMOS 因为耗电量低（仅为 CCD 芯片的 1/10 左右）、体积小、重量轻、集成度高、价格低，迅速得到各大厂商的青睐，目前除了专业摄像机，大部分带有摄像头的设备使用的都是 CMOS。

2.4.3 视觉传感器的技术参数

视觉传感器的技术参数有图像传感器的技术参数、相机的内部参数和相机的外部参数。

1. 图像传感器的技术参数

（1）像素　像素是图像传感器的感光最小单位，即构成影像的最小单位。一帧影像画面是由许多密集的亮暗、色彩不同的点所组成的，这些小点称为像素。像素的多少是由 CCD/CMOS 上的光敏元件数目所决定的，一个光敏元件就对应一个像素。因此像素越大，意味着光敏元件越多，相应的成本就越大。像素用两个数字来表示，例如 720×480，720 表示在图像长度方向上所含的像素点数，480 表示在图像宽度方向上所含的像素点数，二者的乘积就是该相机的像素数。

（2）帧率　帧率代表单位时间所记录或播放的图片的数量，连续播放一系列图片就会产生动画效果，根据人的视觉系统，当图片的播放速度大于 15 帧/s 的时候，人眼就基本看不出来图片的跳跃；在达到 24～30 帧/秒时就已经基本觉察不到闪烁现象。每秒的帧数（帧率）表示图形传感器在处理场时每秒能够更新的次数。高的帧率可以得到更流畅、更逼真的视觉体验。

（3）靶面尺寸　靶面尺寸也就是图像传感器感光部分的大小。一般用英寸（in）来表示，通常这个数据指的是这个图像传感器的对角线长度，常见的有 1/3in（1in=25.4mm），靶面越大，意味着通光量越好，而靶面越小则比较容易获得更大的景深。例如，1/2in 可以有比较大的通光量，而 1/4in 可以比较容易获得较大的景深。

（4）感光度　感光度代表通过 CCD 或 CMOS 以及相关的电子电路感应入射光线的强弱。感光度越高，感光面对光的敏感度就越强，快门速度就越高，这在拍摄运动车辆、夜间监控的时候显得尤其重要。

（5）信噪比　信噪比指的是信号电压对于噪声电压的比值，单位为 dB。一般摄像机给出的信噪比值均是自动增益控制（AGC）关闭时的值。因为当自动增益控制接通时，会对小信号进行提升，使得噪声电平也相应提高。信噪比的典型值为 45～55dB，若为 50dB，则图像有少量噪声，但图像质量良好；若为 60dB，则图像质量优良，不出现噪声，信噪比越大说明对噪声的控制越好。

2. 相机的内部参数

相机的内部参数是与相机自身特性相关的参数，主要有焦距、光学中心、图像尺寸和畸变系数等。

（1）焦距　焦距是指镜头的光学中心到图像传感器的距离（图2-35）。焦距有可变焦距和不可变焦距，单位为mm。

（2）光学中心　相机的镜头是由多个镜片构成的复杂光学系统，光学系统的功能等价于一个薄透镜，实际上薄透镜是不存在的，光学中心是这一等价透镜的中心（图2-36）。不同结构的镜头，其光学中心位置也不一样，大部分在镜头内的某一位置，但也有在镜头前方或镜头后方的。

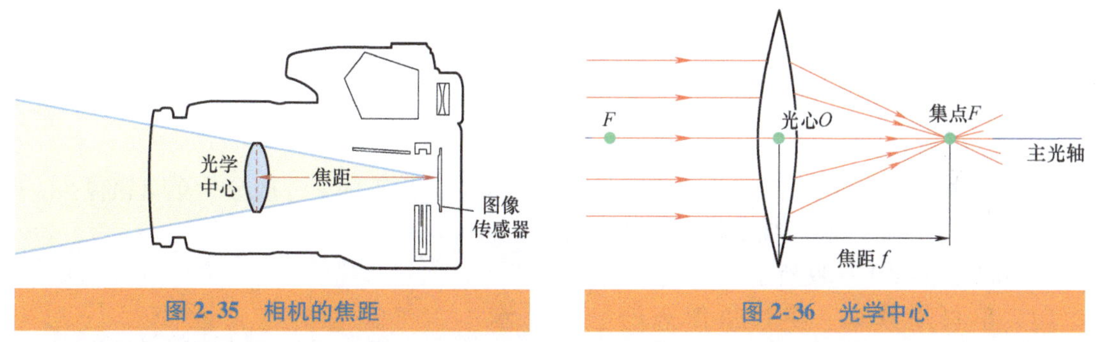

图2-35　相机的焦距　　图2-36　光学中心

（3）图像尺寸　图像尺寸是指构成图像的长度和宽度，可以用像素为单位，也可以用cm为单位。

（4）畸变系数　畸变系数分为径向畸变系数和切向畸变系数。径向畸变发生在相机坐标系转为物理坐标系的过程中；切向畸变产生的原因是透镜不完全平行于图像。

径向畸变就是沿着透镜半径方向分布的畸变，产生原因是光线在远离透镜中心的地方比靠近中心的地方更加弯曲，这种畸变在普通廉价的镜头中表现更加明显，径向畸变主要包括枕形畸变和桶形畸变两种（图2-37）。

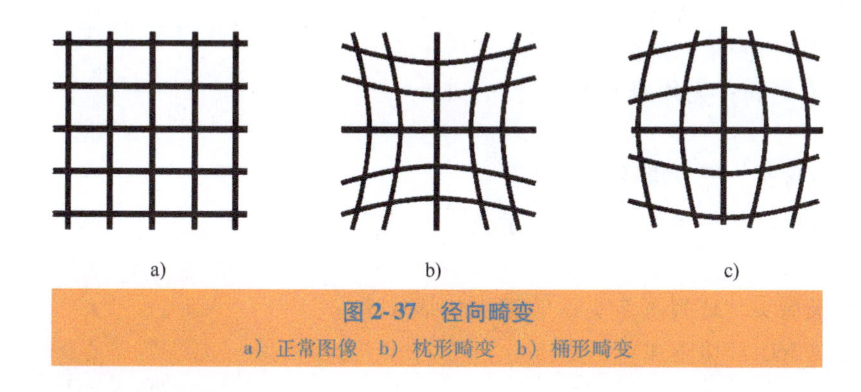

图2-37　径向畸变

a）正常图像　b）枕形畸变　b）桶形畸变

切向畸变如图2-38所示。

3. 相机的外部参数

相机的外部参数是指相机的安装位置，即相机离地高度以及相机相对于车辆坐标系的旋转角度。离地高度是指从地面到相机焦点的垂直高度；相机相对于车辆坐标系的旋转角度有俯仰角、偏航角和横滚角。外部参数可以通过棋盘格标定获得，但要注意标准镜头和鱼眼镜头的差别。

图 2-38 切向畸变

2.4.4 视觉传感器的产品与应用

1. 视觉传感器的类型

视觉传感器在智能网联汽车上的应用是以摄像头方式出现的，一般分为单目摄像头、双目摄像头、三目摄像头和环视摄像头，视觉传感器的类型如图 2-39 所示。

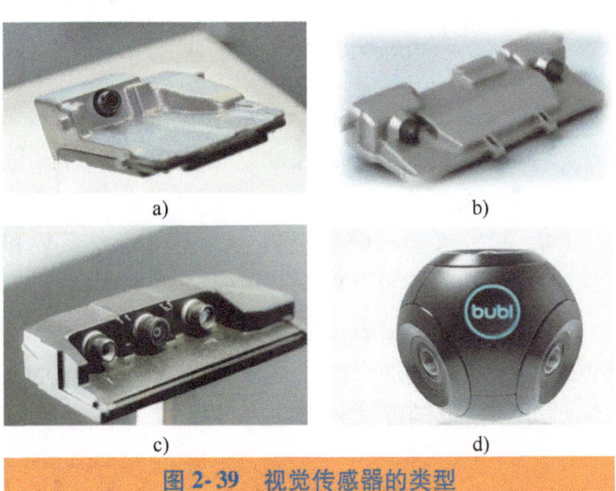

图 2-39 视觉传感器的类型
a）单目摄像头 b）双目摄像头
c）三目摄像头 d）环视摄像头

（1）单目摄像头 单目摄像头的优点是成本低廉，能够识别具体障碍物的种类，识别准确；缺点是由于其识别原理导致其无法识别没有明显轮廓的障碍物，工作准确率与外部光线条件有关，并且受限于数据库，没有自学习功能。

（2）双目摄像头 相比于单目摄像头，双目摄像头没有识别率的限制，无须先识别，可直接进行测量；直接利用视差计算距离，精度更高；无须维护样本数据库。

（3）三目摄像头 三目摄像头感知范围更大，但同时标定三个摄像头，工作量大，而且算法更复杂。

（4）环视摄像头 环视摄像头一般至少包括 4 个摄像头，能实现 360°环境感知。

2. 视觉传感器的产品

虽然视觉传感器在智能网联汽车上的应用前景广泛，但公开资料非常少，特别是技术参数。

图 2-40 所示为博世汽车 ADAS 摄像头 MPC2，其主要参数见表 2-2。

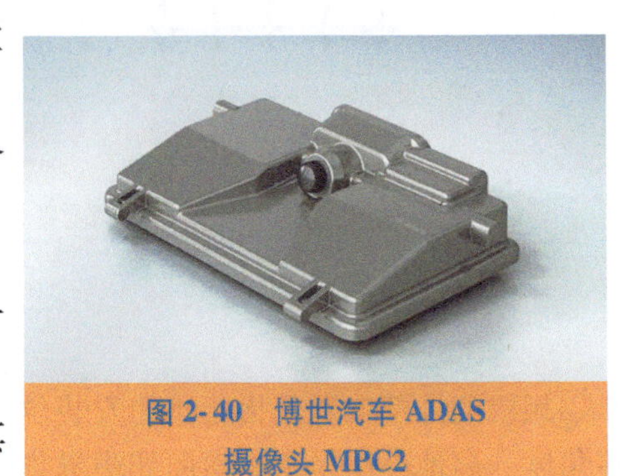

图 2-40 博世汽车 ADAS 摄像头 MPC2

表 2-2 博世汽车 ADAS 摄像头 MPC2 主要参数

项　　目	参　　数
图像分辨率/像素	1280×960
最大探测距离/m	120
水平视场角（°）	50
垂直视场角（°）	28
分辨率/[像素/(°)]	25
帧率/(f/s)	30
波长/nm	400~750
工作温度/℃	-40~85

3. 视觉传感器的应用

视觉传感器在智能网联汽车上的主要安装位置如图 2-41 所示。

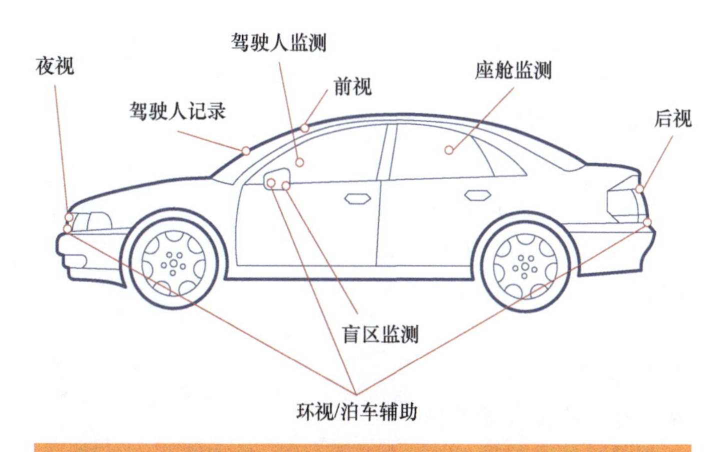

图 2-41 视觉传感器在智能网联汽车上的主要安装位置

视觉传感器主要应用于车道偏离预警、车道保持辅助、前向碰撞预警、行人碰撞预警、交通标志识别、盲区监测、夜视辅助、自动泊车辅助、全景泊车、驾驶人疲劳预警等。

（1）车道偏离预警系统　车道偏离预警系统会比较道路标线与车辆在车道中的位置。当车速达到设定车速时，一旦系统探测到驾驶人存在无意识偏离行车道的危险，系统便会发出视觉信号、听觉信号和触觉信号（如转向盘的振动），这些警告提示驾驶人，车辆正在偏离车道，使驾驶人有足够的时间纠正方向，从而避开危险。当驾驶人打转向灯有意变道或转向时，该功能不会发出警告。基于视觉传感器的车道偏离预警系统如图 2-42 所示。

图 2-42 基于视觉传感器的车道偏离预警系统

（2）车道保持辅助系统　车道保持辅助系统探测到车辆以不低于设定车速（如 60km/h）行驶时，若过于靠近车道标线，系统会轻微但可感知地反向转动转向盘，以使车辆保持在正确的道路中。驾驶人可以单独设定转向干预点和干预强度，选择在早期进行轻微干预或者在稍后进行较强干预。系统可通过电子助力转向直接进行干预，也可通过对车辆一侧施加制动而间接进行干预。驾驶人可随时接管该功能，随时保持对车辆的控制。当驾驶人打转向灯有意变道或转向时，该功能不会进行干预。基于视觉传感器的车道保持辅助系统如图 2-43 所示。

图 2-43　基于视觉传感器的车道保持辅助系统

（3）前向碰撞预警系统　如果前向碰撞预警系统探测到与前方行驶车辆即将发生追尾，便会以视觉、听觉和触觉信号警告驾驶人。该功能不进行独立干预，而是提醒驾驶人进行制动。基于视觉传感器的前向碰撞预警系统如图 2-44 所示。

图 2-44　基于视觉传感器的前向碰撞预警系统

（4）行人碰撞预警系统　行人碰撞预警系统不断分析车辆前方区域，来探测是否会与行车道上或正朝行车道行进的行人即将发生碰撞。当车速不超过设定车速（如 40km/h）时，系统一旦识别这种危险情况，便会与雷达传感器一并向驾驶人发出警告，同时还会触发紧急制动。基于视觉传感器的行人碰撞预警系统如图 2-45 所示。

（5）交通标志识别系统　交通标志识别系统利用视觉传感器检测道路交通标志（如限速标志），显示标志内容，提醒驾驶人注意。基于视觉传感器的交通标志识别系统如图 2-46 所示。

图 2-45　基于视觉传感器的行人碰撞预警系统

图 2-46 基于视觉传感器的交通标志识别系统

随着人工智能的机器学习、深度学习等在图像处理算法中的应用，视觉传感器的功能会越来越强大，在智能网联汽车上的应用将更加深入。

2.5 传感器融合技术

2.5.1 传感器的融合原理

在自动驾驶技术中，现有的车载传感器包括超声波雷达、毫米波雷达、激光雷达、视觉传感器等，各种传感器各有优劣，根据各传感器的特点，不同环境下应选择不同的传感器，但是单一传感器的使用无法完成无人驾驶的功能性与安全性的全面覆盖，例如仅靠视觉传感器识别物体，在遭遇大雾、雨雪等恶劣天气时很容易影响识别精度。多传感器信息融合的优势在于能够综合利用多种信息源的不同特点，多方位获得相关信息，从而提高整个系统的可靠性和精准度。未来传感器融合技术将显得更加重要，并且会成为一种趋势。多传感器信息的融合是无人驾驶安全出行的前提。

传感器的融合就是将多个传感器获取的数据、信息集中在一起综合分析，以便更加准确、可靠地描述外界环境，从而提高系统决策的正确性。

多传感器融合的体系结构分为分布式、集中式和混合式，如图 2-47 所示。

（1）分布式　分布式先对各个独立传感器所获得的原始数据进行局部处理，然后再将结果送入信息融合中心进行智能优化组合来获得最终的结果。分布式对通信带宽的需求低，计算速度快，可靠性和延续性好，但跟踪的精度却远没有集中式高。

（2）集中式　集中式将各传感器获得的原始数据直接送至信息融合中心进行融合处理，可以实现实时融合。其优点是数据处理的精度高，算法灵活；缺点是对处理器的要求高，可靠性较低，数据量大，故难以实现。

（3）混合式　混合式多传感器信息融合框架中，部分传感器采用集中式融合方式，剩余的传感器采用分布式融合方式。混合式融合框架具有较强的适应能力，兼顾了集中式和分布式融合的优点，稳定性强。混合式融合方式的结构比前两种融合方式的结构复杂，这样就增加了通信和计算上的成本。

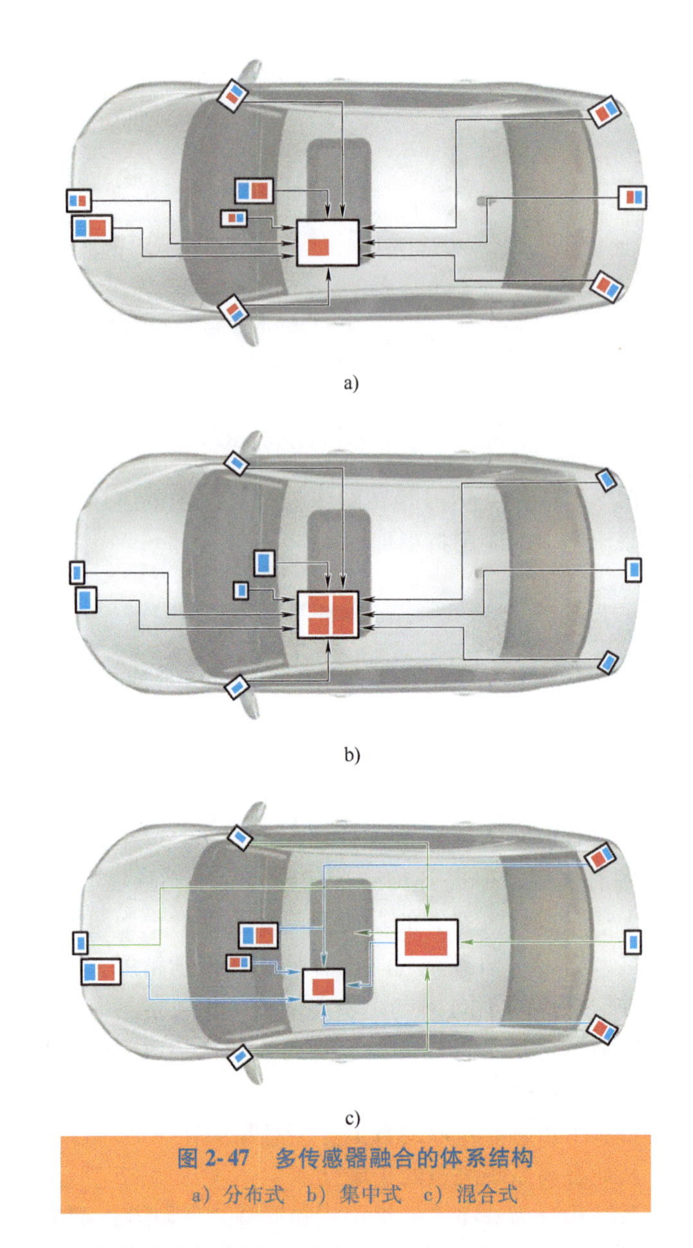

图 2-47　多传感器融合的体系结构

a）分布式　b）集中式　c）混合式

多传感器信息融合中，各种不同的传感器，对应不同的工况环境和感知目标。例如，毫米波雷达主要识别前向中长距离障碍物（0.5～150m），例如路面车辆、行人、路障等；超声波雷达主要识别车身近距离障碍物（0.2～5m），例如泊车过程中的路沿、静止的前后车辆、过往的行人等信息。两者协同作用，互补不足，通过测量障碍物角度、距离、速度等数据融合，刻画车身周边环境和可达空间范围。

2.5.2　传感器的融合方案

对于多传感器融合，有很多种组合和选择。

1. 激光雷达和视觉传感器融合

激光雷达和视觉传感器融合是一个经典方案。在无人驾驶应用中，视觉传感器价格便宜，但是受环境光影响较大，可靠性相对较低；激光雷达探测距离远，对物体运动判断精准，可靠性高，但价格高。视觉传感器可进行车道线检测、障碍物检测和交通标志的识别；激光雷达可进行路沿检测、动态和静态物体识别、定位和地图创建。对于动态的物体，视觉传感器能判断出前后两帧中物体或行人是否为同一物体或行人，而激光雷达则可得到信息后测算前后两帧间隔内的运动速度和运动位移。

视觉传感器和激光雷达分别对物体识别后，再进行标定。对于安全性要求100%的无人驾驶汽车，激光雷达和视觉传感器融合将是未来互补的方案。

2. 激光雷达和毫米波雷达融合

激光雷达和毫米波雷达融合是新的流行方案。毫米波雷达已经成为ADAS的核心传感器，它具有体积小、重量轻和空间分辨率高的特点，而且其穿透雾、烟、灰尘的能力强，弥补了激光雷达的不足。

但毫米波雷达受制于波长，探测距离有限，也无法感知行人，并且对周边所有障碍物无法进行精准的建模，这恰恰是激光雷达的强项。激光雷达和毫米波雷达不仅可以在性能上实现互补，还可以大大降低使用成本，可以为无人驾驶的开发提供一个新的选择。

3. 视觉传感器和毫米波雷达融合

视觉传感器和毫米波雷达融合，可以相互配合共同构成智能网联汽车的感知系统，取长补短，实现更稳定可靠的ADAS功能。视觉传感器与毫米波雷达融合具有以下优势。

1）可靠性高，目标真实，可信度提高。

2）互补性好，可全天候应用与远距离提前预警。

3）高精度，有着大视角、全距离条件下的高性能定位。

4）识别能力强，对各种复杂对象都能够识别。

在智能驾驶场景下，视觉传感器与毫米波雷达的数据融合大致有3种策略：图像级、目标级和信号级。图像级融合是以视觉传感器为主体，将毫米波雷达输出的整体信息进行图像特征转化，然后与视觉系统的图像输出进行融合；目标级融合是对视觉传感器和毫米波雷达输出进行综合可信度加权，配合精度标定信息进行自适应搜索匹配后融合输出；信号级融合是对视觉传感器和毫米波雷达传出的数据源进行融合，信号级的融合数据损失最小，可靠性最高，但需要大量的运算。

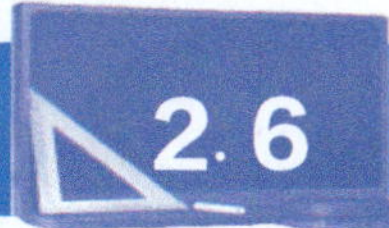

2.6 智能传感器的配置实例

1. 奥迪A8

图2-48所示为配备自动驾驶系统的奥迪A8环境感知传感器的配置，它配置了1个4线束激光雷达、1个前视摄像头、4个鱼眼摄像头、1个远程毫米波雷达、2个中程毫米波雷达、12个超声波雷达（图2-48中标出4个），属于L3级自动驾驶。

2. XC90自动驾驶汽车

图2-49所示为沃尔沃与优步联合开发的XC90自动驾驶汽车环境感知传感器的配置，它配置了前视摄像头、侧视摄像头、后视摄像头、超声波雷达、毫米波雷达和激光雷达。

图 2-48 奥迪 A8 环境感知传感器的配置

图 2-49 XC90 自动驾驶汽车环境感知传感器的配置

3. 特斯拉电动汽车

图 2-50 所示为特斯拉电动汽车环境感知传感器的配置，它配置了 1 个三目摄像头、2 个侧前视摄像头、2 个侧后视摄像头、1 个后视摄像头、1 个毫米波雷达和 12 个超声波雷达，属于 L3 级自动驾驶。侧前视摄像头和侧后视摄像头的覆盖范围相互重叠，保证无盲区。

三目摄像头分别是鱼眼摄像头、长焦摄像头和中距摄像头，它们的探测距离分别是 60m、250m 和 150m；侧前视摄像头的探测距离为 80m；侧后视摄像头的探测距离为 100m；后视摄像头的探测距离为 50m；毫米波雷达的探测距离为 160m。

4. 谷歌无人驾驶公司（Waymo）第五代无人驾驶汽车

Waymo 第五代无人驾驶汽车如图 2-51 所示。

Waymo 第五代无人驾驶汽车具有以下特点。

1）第五代 Waymo Driver 系统有摄像头、毫米波雷达、激光雷达以及计算设备，传感器及其计算能力更加强大。

图 2-50 特斯拉电动汽车环境感知传感器的配置

图 2-51 Waymo 第五代无人驾驶汽车

2）Waymo 的新款激光雷达系统的识别分辨率更高，识别范围更广。激光雷达作为 Waymo Driver 系统中最强大的传感器之一，可以精准探测四周的环境，将周围环境塑造成 3D 图景，即使在没有任何照明的夜晚也能看清道路。

3）车顶安装了一个 360°的激光雷达，最远可以探测 300m 以外的物体，可以形成实时的车辆鸟瞰图，同时也能探测到路旁的骑行者和行人；同时也安装了 360°摄像头、长距离摄像头以及 2 个毫米波雷达。

4）在车辆四周分别安装了短距离激光雷达，能增加探测的视野范围，检测正在靠近车辆的物体。

5）视觉系统由 29 个摄像头组成，能够为 Waymo Driver 系统提供更高分辨率的图像，以及更广的视野。这些摄像头的视野也有所重叠，不会产生视野盲区。摄像头、激光雷达与清洁系统和加热装置组装在一起，能够在任何天气下都能保证正常运行。

6）Waymo 的长距离摄像头和 360°视觉系统，可以探测到更远的位置，让车辆可以识别更多重要的细节，能探测到 500m 处的停车标志。此外，车辆侧边的摄像头系统可以和侧边激光雷达配合使用，为 Waymo Driver 系统提供另一个视角，能更准确辨认正在靠近车辆的物体。

7）Waymo 的新型高分辨率毫米波雷达分别安装在车辆的 6 个位置，可以追踪静态和动态的物体，还可以看到远处的小物体，能对间隔较近的物体加以区分。毫米波雷达与激光雷达、摄像头形成互补，在特殊天气条件下能更大限度发挥其功能。

可以看出，智能传感器的配置和功能各不相同。随着汽车电动化、智能化和网联化的发展，智能网联汽车配备的智能传感器的数量将会逐渐增加，传感器的性能要求也会逐渐提高。

练习题

一、名词解释

1. 超声波雷达　　2. 毫米波雷达　　3. 激光雷达

4. 视觉传感器　　5. 焦距　　6. 视场角

二、简答题

1. 智能传感器各有哪些特点？
2. 智能传感器在智能网联汽车上各有哪些应用？
3. 毫米波雷达的测量原理是怎样的？
4. 激光雷达有哪些类型？
5. 视觉传感器的技术参数有哪些？
6. 多传感器融合的体系结构有哪几种？
7. 智能传感器技术对汽车智能化发展有什么意义？

第 3 章

智能网联汽车网络与通信技术

教学目标

通过本章的学习，学生能够掌握智能网联汽车网络技术和 V2X 通信技术的基本知识；了解 V2X 通信技术的应用场景。

教学要求

知 识 要 点	能力与素养要求
智能网联汽车网络技术	掌握智能网联汽车的网络构成；了解车载网络的类型、特点及应用；了解车载自组织网络和车载移动互联网的定义
智能网联汽车 V2X 通信技术	掌握 V2X 通信定义，了解蓝牙技术、射频识别技术、DSRC 通信技术、LTE-V 通信技术、5G 通信技术的定义、特点及在智能网联汽车上的应用；了解 V2X 通信系统存在的安全风险
V2X 通信技术的应用场景	了解 V2X 通信技术分别在辅助驾驶中和自动驾驶中的应用场景及技术需求，培养自主学习意识

导入案例

智能网联汽车不是独立的运输个体，而是无数个移动终端。智能网联汽车之间，智能网联汽车与道路基础设施、行人之间都有信息交流，以保证安全行驶，提高通行效率。图 3-1 所示为利用 V2X 通信技术进行车辆与车辆之间的通信。

智能网联汽车的 V2X 通信技术有哪些？由哪些网络构成？通过对本章知识的学习，读者可以得到答案。

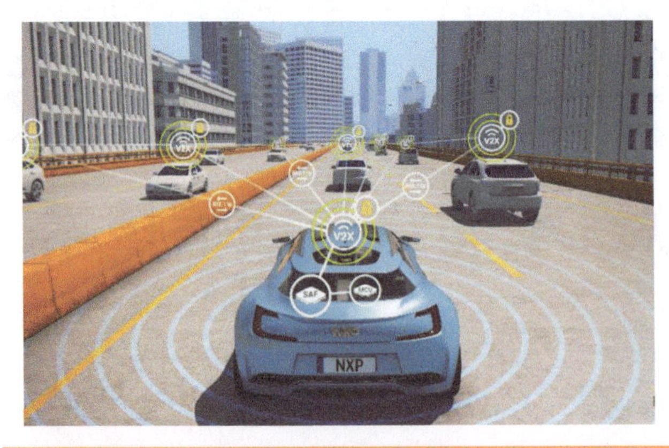

图 3-1　利用 V2X 通信技术进行车辆与车辆之间的通信

3.1　智能网联汽车网络技术

3.1.1　智能网联汽车的网络构成

智能网联汽车主要包括 3 种网络，即以车内总线通信为基础的车内网络，也称为车载网络；以短距离无线通信为基础的车载自组织网络；以远距离通信为基础的车载移动互联网络。因此，智能网联汽车是融合车载网络、车载自组织网络和车载移动互联网络的一体化网络系统，智能网联汽车网络体系构成如图 3-2 所示。

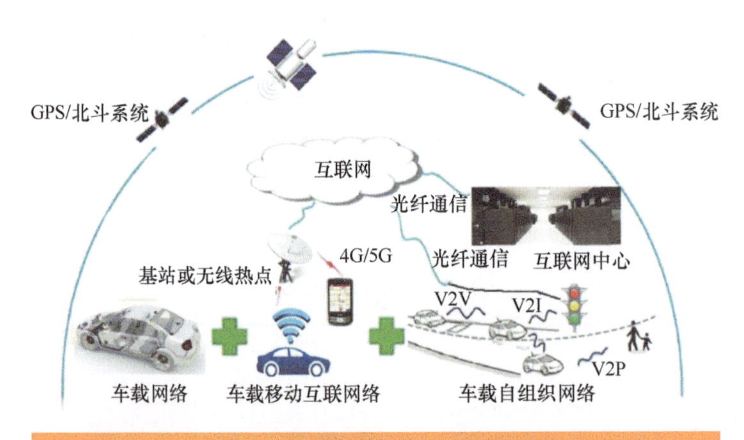

图 3-2　智能网联汽车网络体系构成

（1）车载网络　车载网络是基于 CAN、LIN、FlexRay、MOST、以太网等总线技术建立的标准化整车网络，它实现车内各电器、电子单元间的状态信息和控制信号在车内网上的传输，使车辆具有状态感知、故障诊断和智能控制等功能。

（2）车载自组织网络　车载自组织网络是基于短距离无线通信技术自主构建的 V2V、V2I、V2P 之间的无线通信网络，实现 V2V、V2I、V2P 之间的信息传输，使车辆具有行驶环境感知、危险辨识、智能控制等功能，并能够实现 V2V、V2I 之间的协同控制。

（3）车载移动互联网络　车载移动互联网络是基于长距离通信技术构建的车辆与互联网之间连接的网络，实现车辆信息与各种服务信息在车载移动互联网上的传输，能给智能网联汽车用户提供商务办公、信息娱乐等服务。

3.1.2　车载网络

1. 车载网络的类型

（1）车载网络按速率分　车载网络按速率划分为5种类型，分别为A类低速网络、B类中速网络、C类高速网络、D类多媒体网络和E类安全网络。

1）A类低速网络。A类低速网络传输速率一般小于10kbit/s，有多种通信协议，该类网络的主流协议是LIN（局域互联网络），主要用于电动门窗、电动座椅、车内照明系统和车外照明系统等。

2）B类中速网络。B类中速网络传输速率在10~125kbit/s之间，对实时性要求不太高，主要面向独立模块之间数据共享的中速网络。该类网络的主流协议是低速CAN（控制器局域网络），主要用于故障诊断、空调、仪表显示等。

3）C类高速网络。C类高速网络传输速率在125~1000kbit/s之间，对实时性要求高，主要面向高速、实时闭环控制的多路传输网。该类网络的主流协议是高速CAN、FlexRay等协议，主要用于牵引力控制、发动机控制、ABS、ASR、ESP、悬架控制等。

4）D类多媒体网络。D类多媒体网络传输速率在250kbit/s~100Mbit/s之间，该类网络协议主要有MOST、以太网、蓝牙、ZigBee技术等，主要用于要求传输效率较高的多媒体系统、导航系统等。

5）E类安全网络。E类安全网络传输速率为10Mbit/s，主要面向汽车安全系统网络。

汽车车载网络结构示意如图3-3所示。

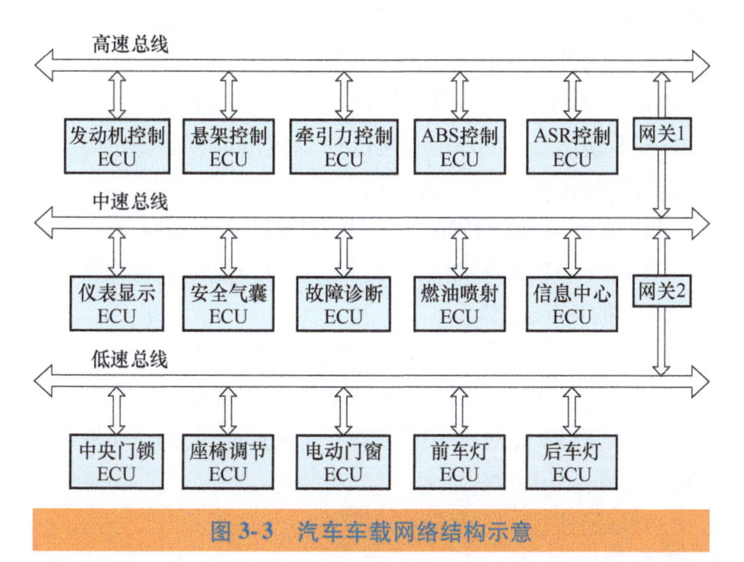

图3-3　汽车车载网络结构示意

（2）车载网络按照协议分　车载网络按照协议划分为CAN、LIN、FlexRay、MOST、以太网等总线技术，车载网络的总线技术如图3-4所示。该车载网络以高速以太网作为骨干，将动力总成、底盘控制、车身控制、娱乐、ADAS共5个核心域控制器连接在一起，各个域控制器在实现专用的控制功能的同时，还提供强大的网关功能。

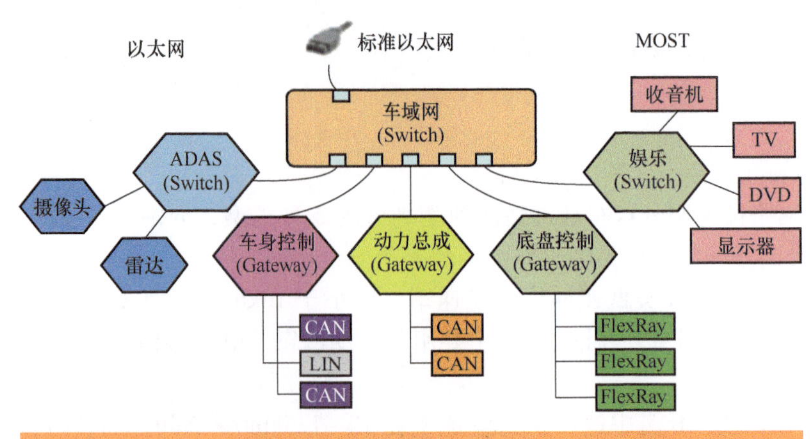

图 3-4　车载网络的总线技术

1）CAN 总线。控制器局域网络（Controller Area Network，CAN）是德国博世公司在 1985 年时为了解决汽车上众多测试仪器与控制单元之间的数据传输而开发的一种支持分布式控制的串行数据通信总线。目前，CAN 总线已经是国际上应用最广泛的网络总线之一，它的数据信息传输速率最大为 1Mbit/s，属于中速网络，通信距离（无须中继）最远可达 10km。

2）LIN 总线。局域互联网络（Local Interconnect Network，LIN）也被称为局域网子系统，是专门为汽车开发的一种低成本串行通信网络，用于实现汽车中的分布式电子系统控制。LIN 网络的数据传输速率最大为 20kbit/s，属于低速网络，媒体访问方式为单主多从，是一种辅助总线，辅助 CAN 总线工作。在不需要 CAN 总线的带宽和多功能的场合，使用 LIN 总线可大大降低成本。

3）FlexRay 总线。FlexRay 是一种用于汽车的高速可确定性的、具备故障容错的总线系统。汽车中的控制器件、传感器和执行器之间的数据交换主要是通过 CAN 网络进行的。然而新的线控技术（X-by-wire）系统设计思想的出现，导致车辆系统对信息传送速度尤其是故障容错与时间确定性的需求不断增加。FlexRay 通过在确定的时间槽中传送信息，以及在两个通道上的故障容错和冗余信息的传送，可以满足这些新增加的要求。

4）MOST 总线。多媒体定向系统传输（Media Oriented System Transport，MOST）总线是使用光纤或双绞线作为传输介质的环形网络，可以同时传输音/视频流数据、异步数据和控制数据，支持高达 150Mbit/s 的传输速率。

5）以太网。以太网是由美国施乐（Xerox）公司创建并由施乐（Xerox）、英特尔（Intel）和数字装备（DEC）公司联合开发的基带局域网规范，是当今现有局域网采用的最通用的通信协议标准。以太网包括标准以太网（10Mbit/s）、快速以太网（100Mbit/s）、千兆以太网（1000Mbit/s）和万兆以太网（10Gbit/s）

2. CAN 总线的特点及应用

CAN 总线具有以下特点。

1）多主控制。多主控制是指在总线空闲时，所有的单元都可以开始发送消息；最先访问总线的单元可获得发送权；多个单元同时开始发送时，发送高优先级标识符（ID）消息的单元可获得发送权。

2）消息的发送。在CAN协议中，所有的消息都以固定的格式发送。总线空闲时，所有与总线相连的单元都可以开始发送新消息。两个以上的单元同时开始发送消息时，根据ID决定优先级。

3）系统的柔软性。与总线相连的单元没有类似于“地址”的信息，因此在总线上增加单元时，连接在总线上的其他单元的软硬件及应用层都不需要改变。

4）高速度和长距离。当通信距离小于40m时，CAN总线的传输速率可以达到1Mbit/s。通信速率与其通信距离成反比，当其通信距离达到10km时，其传输速率仍可以达到约5kbit/s。

5）远程数据请求。CAN总线可通过发送“遥控帧”请求其他单元发送数据。

6）错误检测、错误通知、错误恢复功能。错误检测功能是指所有的单元都可以检测错误；错误通知功能是指正在发送消息的单元一旦检测出错误，会强制结束当前的发送，并立即同时通知其他所有单元；错误恢复功能是指强制结束发送的单元会不断反复地重新发送此消息，直到成功发送为止。

7）故障封闭。CAN总线可以判断出错误的类型是总线上暂时的数据错误（如外部噪声等）还是持续的数据错误（如单元内部故障、驱动器故障、断线等）。根据此功能，当总线上发生持续的数据错误时，可将引起此故障的单元从总线上隔离出去。

8）多单元连接。CAN总线可以同时连接多个单元，可连接的单元总数理论上是没有限制的，但实际上受总线上的时间延迟及电气负载的限制。降低传输速率，则可连接的单元数增加；提高传输速率，则可连接的单元数减少。

总之，CAN总线具有实时性强、可靠性高、传输速率快、结构简单、互操作性好、总线协议具有完善的错误处理机制、灵活性高和价格低廉等特点，在车载网络上已经得到广泛的应用。

汽车上的网络连接方式需采用两条CAN总线：一条用于驱动系统的高速CAN总线，速率达到500kbit/s；另一条用于车身系统的低速CAN总线，速率为100kbit/s。高速CAN总线主要连接发动机、自动变速器、ABS/ASR、ESP等对通信实时性有较高要求的系统；低速CAN总线主要连接灯光、电动车窗、自动空调及信息显示系统等，多为低速电动机和开关量器件，对实时性要求低而数量众多。不同速度的CAN网络之间通过网关连接。对汽车CAN总线上的信号进行采集时，需要确定所采集的信号处于哪个CAN网络中，以便于设置合适的CAN通道波特率。

图3-5所示为CAN总线在汽车上的应用实例。

3. LIN总线的特点及应用

LIN总线具有以下特点。

1）LIN总线的通信是基于SCI数据格式，媒体访问采用单主节点、多从节点的方式，数据优先级由主节点决定，灵活性好。

2）一条LIN总线最多可以连接16个节点，共有64个标识符。

3）LIN总线采用低成本的单线连接，传输速率最高可达20kbit/s。

4）不需要进行仲裁，同时在从节点中不需要石英或陶瓷振荡器，只采用片内振荡器就可以实现自同步，从而降低了硬件成本。

5）几乎所有的微控制单元（MCU）均具备LIN所需硬件，且实现费用较低。

6）网络通信具有可预期性，信号传播时间可预先计算。

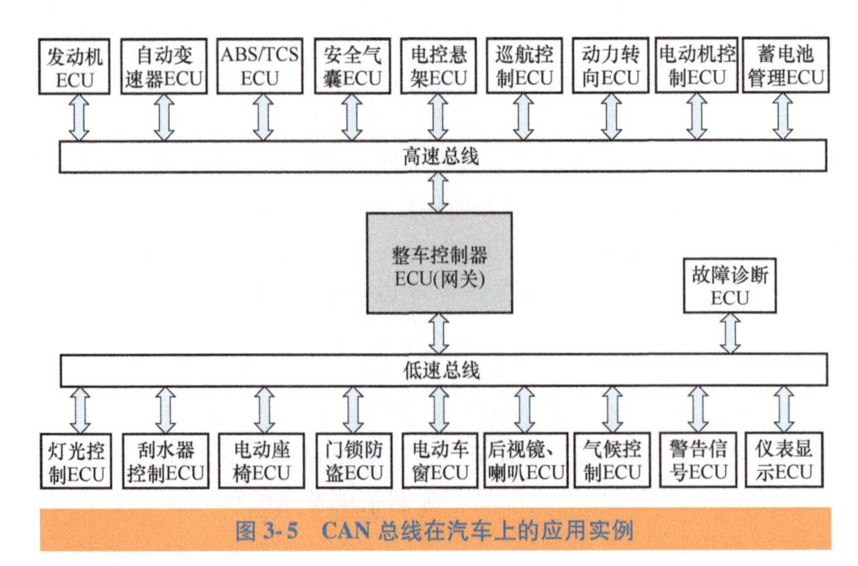

图 3-5　CAN 总线在汽车上的应用实例

7）通过主机节点可将 LIN 与上层网络（CAN）相连接，实现 LIN 的子总线辅助通信功能，从而优化网络结构，提高网络效率和可靠性。

8）LIN 总线通信距离最大不超过 40m。

由于一个 LIN 网络通常由一个主节点、一个或多个从节点组成，所以 LIN 网络为主从式控制结构。各个 LIN 主节点是车身 CAN 总线上的节点，通过 CAN 总线连接成为低速车身 CAN 网络，并兼起 CAN/LIN 网关的作用。引入带 CAN/LIN 网关的混合网络有效地降低了主干网的总线负载率。LIN 总线主要应用于车门、转向盘、座椅、空调系统、车灯、防盗系统等。

图 3-6 所示为 LIN 总线在汽车上的应用实例。

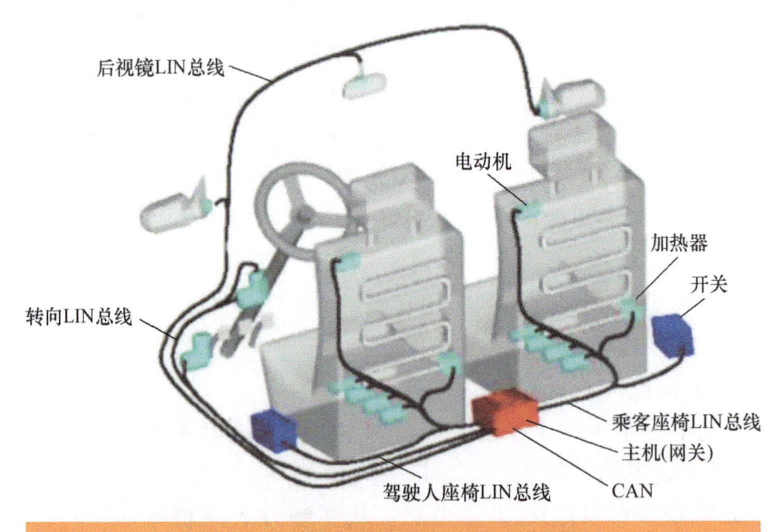

图 3-6　LIN 总线在汽车上的应用实例

4. FlexRay 总线的特点及应用

FlexRay 总线具有以下特点。

1）数据传输速率高。FlexRay 网络最大传输速率可达到 10Mbit/s，双通道总数据传输速率可达到 20Mbit/s，因此，应用在车载网络上，FlexRay 的网络带宽可以是 CAN 网络的 20 倍。

2）可靠性好。FlexRay 网络具有冗余数据传输能力的总线系统使用两个相互独立的信道，每个信道都由一组双线导线组成。一个信道失灵时，该信道应传输的信息可在另一条没有发生故障的信道上传输。此外，总线监护器的存在进一步提高了通信的可靠性。

3）确定性。确定性数据传输用于确保时间触发区域内的每条信息都能实现实时传输，即每条信息都能在规定时间内进行传输。

4）灵活性。灵活性是 FlexRay 总线的突出特点，体现在以下方面：支持多种方式的网络拓扑结构，例如点对点连接、串级连接、主动星形连接、混合型连接等；信息长度可配置，可根据实际控制应用需求，为其设定相应的数据载荷长度；双通道拓扑既可用于增加带宽，也可用于传输冗余的信息；周期内静态、动态信息传输部分的时间都可随具体应用而改变。

FlexRay 总线具有速度快、效率高、容错性强等特点，可用于汽车动力和底盘系统的控制数据传输。

图 3-7 所示为奥迪 A8 中的 FlexRay 总线拓扑结构。奥迪 A8 使用 FlexRay 总线可以实现驾驶动态控制、车距控制、自适应巡航控制和图像处理等功能。

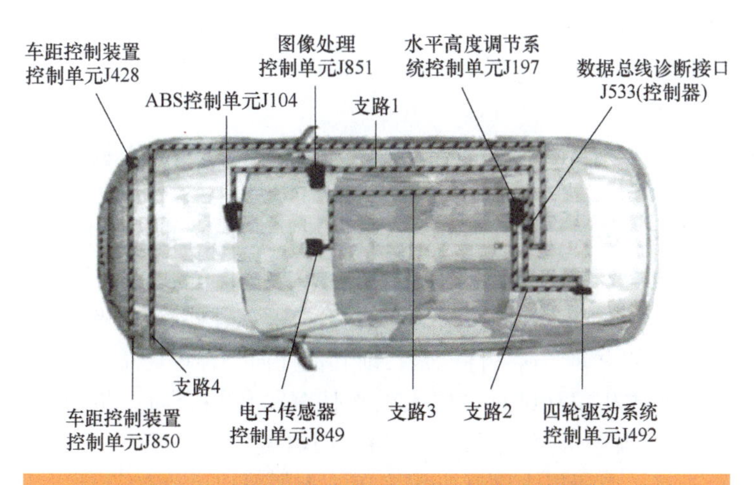

图 3-7 奥迪 A8 中的 FlexRay 总线拓扑结构

5. MOST 总线的特点及应用

MOST 总线具有以下特点。

1）保证低成本的条件下，最高可以达到 147.5Mbit/s 的数据传输速率。

2）无论是否有主控计算机都可以工作。

3）支持声音和压缩图像的实时处理。

4）支持数据的同步和异步传输。

5）发送/接收器嵌有虚拟网络管理系统。

6）支持多种网络连接方式，提供 MOST 设备标准，能方便、简洁地应用系统界面。

7）通过采用 MOST，不仅可以减小连接各部件的线束的质量，降低噪声，而且可以减轻系统开发技术人员的负担，最终在用户处实现各种设备的集中控制。

8）光纤网络不会受到电磁辐射干扰与搭铁环的影响。

MOST 可以实现实时传输声音和视频，以满足高端汽车娱乐装置的需求，主要用于车载电视、车载电话、车载 CD、车载互联网、DVD 导航等系统的控制中，也可以用于车载摄像头等行车系统。

图 3-8 所示为 MOST 总线在汽车上的应用实例。

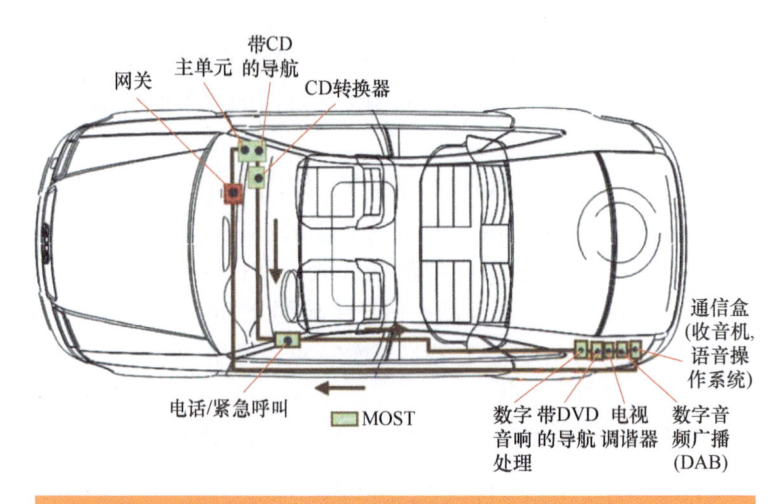

图 3-8 MOST 总线在汽车上的应用实例

6. 以太网的特点及应用

以太网具有以下特点。

1）数据传输速率快。现在以太网的最大传输速率能达到 10Gbit/s，并且还在提高，比任何一种现场总线都快。

2）应用广泛。以太网是一种标准的开放式网络，不同厂商的设备很容易互联。

3）容易与信息网络集成，有利于资源共享。由于具有相同的通信协议，以太网能实现与互联网的无缝连接，方便车辆网络与地面网络的通信。车辆互联网的接入极大地解除了为获取车辆信息而带来的地理位置上的束缚，这一性能是目前其他任何一种现场总线都无法比拟的。

4）支持多种物理介质和拓扑结构。以太网支持多种传输介质，包括同轴电缆、双绞线、光缆、无线等，使用户可根据带宽、距离、价格等因素做多种选择。

5）软硬件资源丰富。由于以太网已应用多年，人们对以太网的设计、应用等方面有很多的经验，对其技术也十分熟悉。大量的软件资源和设计经验可以显著降低系统的开发成本，从而可以显著降低系统的整体成本，并大大加快系统的开发和推广速度。

6）可持续发展潜力大。由于以太网的广泛应用，使其发展一直得到广泛的重视和大量的技术投入。车载网络采用以太网，可以避免其发展游离于计算机网络技术的发展主流之外，从而使车载网络与信息网络技术互相促进，共同发展。

以太网在汽车上的应用刚刚开始，但它优越的性能得到汽车业界的重视，有望成为重要的车载网络。随着智能传感器、高分辨率显示器、先进驾驶辅助系统及其数据传输和控件的加入，汽车电子产品正变得更加复杂。采用标准的以太网协议将这些设备连接起来，可以帮助简化布线，节约成本，减小线束质量和增加行驶里程。

图 3-9 所示为以太网在汽车上的应用实例。

3.1.3 车载自组织网络

车载自组织网络是一种自组织、结构开放的车辆间通信网络，能够提供车辆之间以及车辆与路侧基础设施之间的通信，通过结合全球定位系统及无线通信技术（如无线局域网、蜂

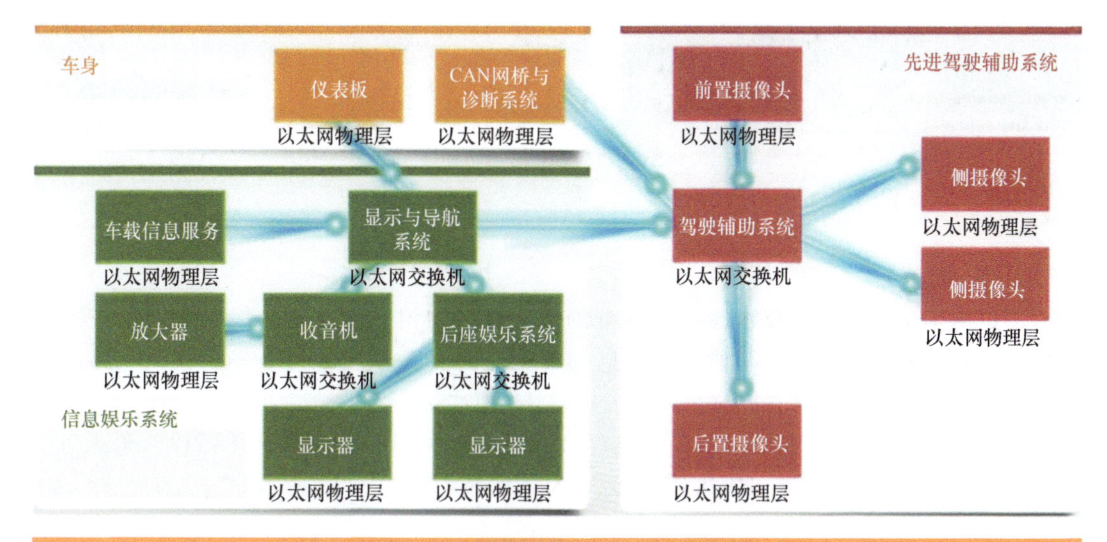

图 3-9 以太网在汽车上的应用实例

窝网络等)，可为处于高速移动状态的车辆提供高速率的数据接入服务，并支持车辆之间的信息交互，已成为保障车辆行驶安全，提供高速数据通信、智能交通管理及车载娱乐的有效技术，车载自组织网络如图 3-10 所示。车载自组织网络是智能交通系统未来发展的通信基础，也是智能网联汽车安全行驶的保障。

车载自组织网络结构主要分为 V2V 通信、V2I 通信、V2P 通信。V2V 通信是通过 GPS 定位辅助建立无线多跳连接，从而能够进行暂时的数据通信，提供行车信息、行车安全等服务；V2I 通信能够通过接入互联网获得更丰富的信息与服务；V2P 通信的研究刚刚起步，目前主要是通过智能手机中的特种芯片提供行人和交通状况，以后会有更多通信方式。

3.1.4 车载移动互联网

车载移动互联网是以车为移动终端，通过长距离无线通信技术构建的车与互联网之间的网络，实现车辆与服务信息在车载移动互联网上的传输，车载移动互联网如图 3-11 所示。车载移动互联网是先通过短距离通信技术在车内建立无线个域网或无线局域网，再通过 4G/5G 技术与互联网连接。

图 3-10 车载自组织网络

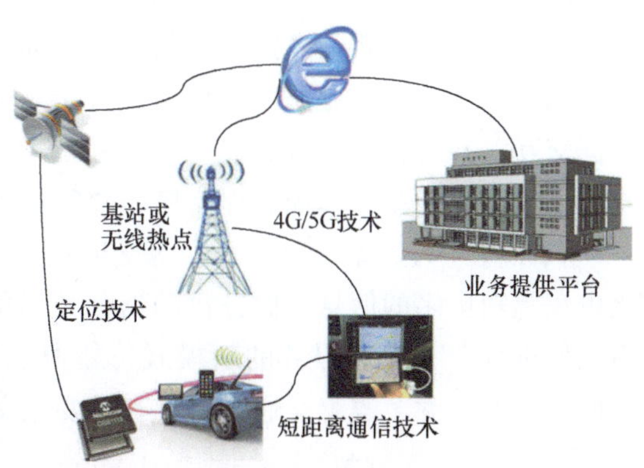

图 3-11 车载移动互联网

3.2 智能网联汽车 V2X 通信技术

3.2.1 V2X 通信的定义

1. V2X 通信技术

V2X 是指车用无线通信技术，它是将车辆与一切事物相连接的新一代信息通信技术，其中 V 代表车辆，X 代表任何与车辆交互信息的对象，当前 X 主要包含车辆、行人、路侧基础设施和网络。

V2X 交互的信息模式包括车辆与车辆（V2V）、车辆与路侧基础设施（V2I）、车辆与行人（V2P）、车辆与网络（V2N）之间的交互，V2X 通信技术如图 3-12 所示。

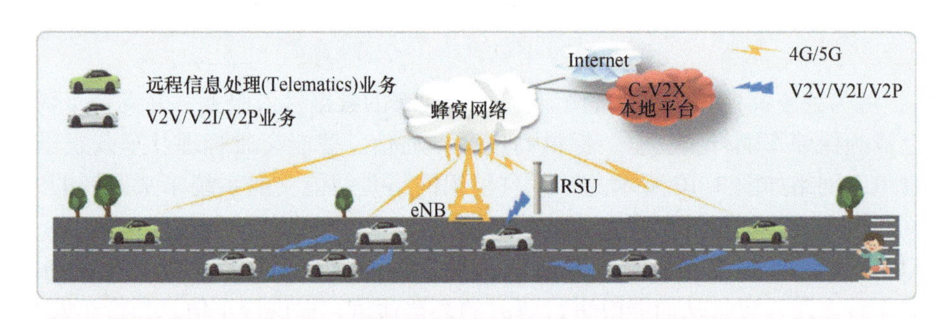

图 3-12 V2X 通信技术

（1）V2V V2V 是指通过车载终端进行车辆间的通信。车载终端可以实时获取周围车辆的车速、位置、行车情况等信息，车辆间也可以构成一个互动的平台，实时交换文字、图片和视频等信息。V2V 通信主要应用于避免或减少交通事故、车辆监督管理等。

（2）V2I V2I 是指车载设备与路侧基础设施（如交通信号灯、交通摄像头、路侧单元等）进行通信，路侧基础设施也可以获取附近区域车辆的信息并发布各种实时信息。V2I 通信主要应用于实时信息服务、车辆监控管理、不停车收费等。

（3）V2P V2P 是指弱势交通参与者（包括行人、骑行者等）使用用户设备（如手机、穿戴设备等）与车载设备进行通信。V2P 通信主要应用于避免或减少交通事故、信息服务等。

（4）V2N V2N 是指车载设备通过接入网/核心网与云平台连接，云平台与车辆之间进行数据交互，并对获取的数据进行存储和处理，提供车辆所需要的各类应用服务。V2N 通信主要应用于车辆导航、车辆远程监控、紧急救援、信息娱乐服务等。

V2X 将“人、车、路、云”等交通参与要素有机地联系在一起，不仅可以支撑车辆获得比单车感知更多的信息，促进自动驾驶技术的创新和应用，还有利于构建一个智慧的交通体系，促进汽车和交通服务的新模式、新业态发展，对提高交通效率、节省资源、减少污染、降低事故发生率、改善交通管理具有重要意义。

2. V2X 技术分类

V2X 技术分类如图 3-13 所示。

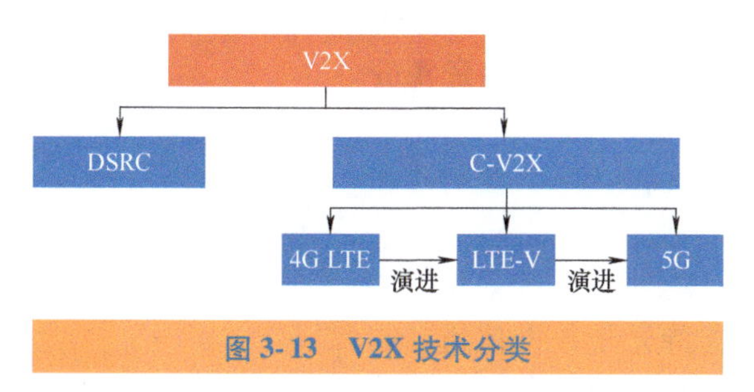

图 3-13 V2X 技术分类

3. C-V2X 通信技术

C-V2X 是基于 4G/5G 等蜂窝网通信技术演进形成的车用无线通信技术，包含了两种通信接口：一种是车、人、路之间的短距离直接通信接口（PC5）；另一种是终端和基站之间的蜂窝通信接口（Uu），可实现长距离和更大范围的可靠通信，C-V2X 通信技术如图 3-14 所示。

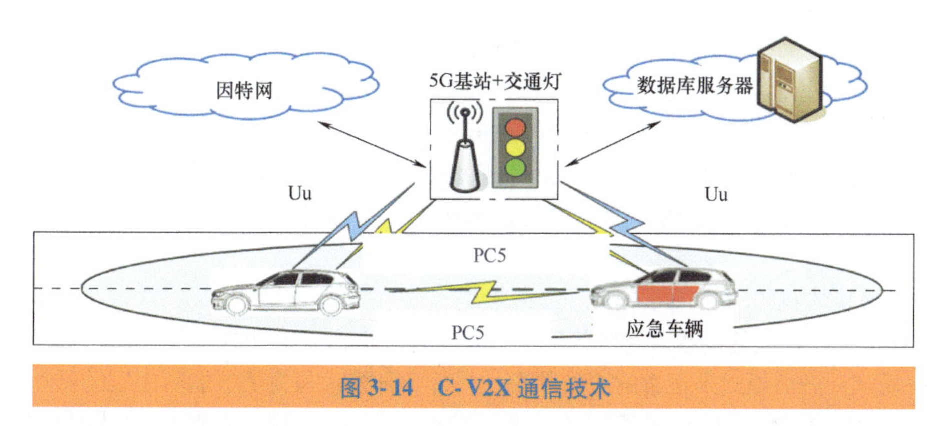

图 3-14 C-V2X 通信技术

C-V2X 是基于 3GPP 全球统一标准的通信技术，包含 LTE-V2X（LTE-V）和 5G-V2X，从技术演进角度讲，LTE-V 支持向 5G-V2X 平滑演进。

LTE-V 可支持 L1~L3 级别的自动驾驶业务，包含红绿灯车速引导、交通事故提醒、远程诊断、紧急制动提醒等应用场景。

5G-V2X 相比 LTE-V 将在时延、可靠度、速率、数据包大小等方面有大幅度提高，可支持 L4/L5 级别的自动驾驶业务，包含车辆编队行驶、自动驾驶、远程控制、传感器信息共享等应用场景。

3.2.2 蓝牙技术

1. 蓝牙技术的定义

蓝牙是一种支持设备短距离通信的无线电技术，能在包括手机、掌上计算机、无线耳机、便携式计算机、打印机、局域网设备等众多设备之间进行无线信息交互，蓝牙技术的应用如图 3-15 所示。

利用蓝牙技术能够有效地简化移动通信终端设备之间的通信，也能够简化设备与互联网之间的通信，从而使数据传输变得更加迅速高效，为无线通信拓宽道路。

2. 蓝牙技术的特点

蓝牙技术具有以下特点。

1）全球范围适用。蓝牙工作在2.4GHz ISM频段，使用该频段无须向各国的无线电资源管理部门申请许可证，便可直接使用。

2）通信距离一般为10cm～10m，发射功率为100mW时可以达到100m。

3）可同时传输语音和数据。蓝牙采用电路交换和分组交换技术，支持异步数据信道、三路语音信道以及异步数据与同步语音同时传输的信道。

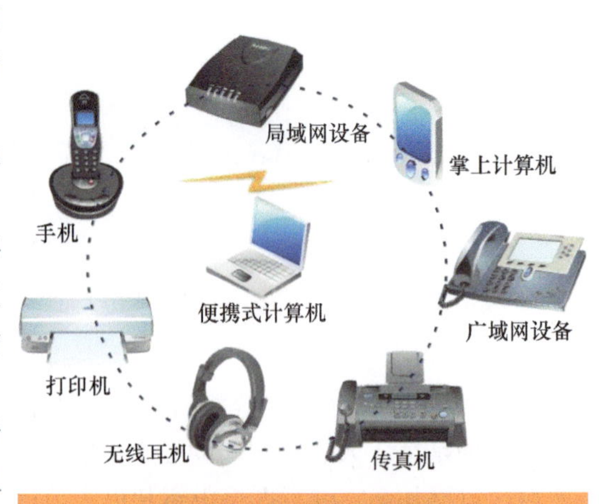

图3-15　蓝牙技术的应用

4）可以建立临时性的对等连接。根据蓝牙设备在网络中的角色，可将其分为主设备和从设备。主设备是组网连接主动发起连接请求的蓝牙设备，几个蓝牙设备连接成一个皮网时，其中只有一个主设备，其余都是从设备。皮网是蓝牙最基本的一种网络形式，最简单的皮网是一个主设备和一个从设备组成的点对点的通信连接。

5）抗干扰能力强。蓝牙采用跳频方式来扩展频谱，蓝牙设备在某个频点发送数据之后，再跳到另一频点发送，而频点的排列顺序是伪随机的，每秒钟频率改变1600次，每个频率持续625μs。

6）蓝牙模块体积很小，便于集成。

7）功耗低。蓝牙设备在通信连接状态下，有4种工作模式，即激活模式、呼吸模式、保持模式和休眠模式。激活模式是正常的工作状态，另外3种模式是为了节能所规定的低功耗模式。

8）接口标准开放。蓝牙技术联盟为了推广蓝牙技术的应用，将蓝牙的技术标准全部公开，全世界范围内的任何单位和个人都可以进行蓝牙产品的开发，只要最终通过蓝牙技术联盟的蓝牙产品兼容性测试，就可以推向市场。

9）成本低。随着市场需求的扩大，各个供应商纷纷推出自己的蓝牙芯片和模块，蓝牙产品价格下降。

3. 蓝牙技术在汽车上的应用

蓝牙技术在汽车上的应用主要有车载蓝牙电话、车载蓝牙音响、车载蓝牙导航、蓝牙后视镜、汽车虚拟钥匙、利用蓝牙技术获取车辆信息等，蓝牙技术在汽车上的应用如图3-16所示。

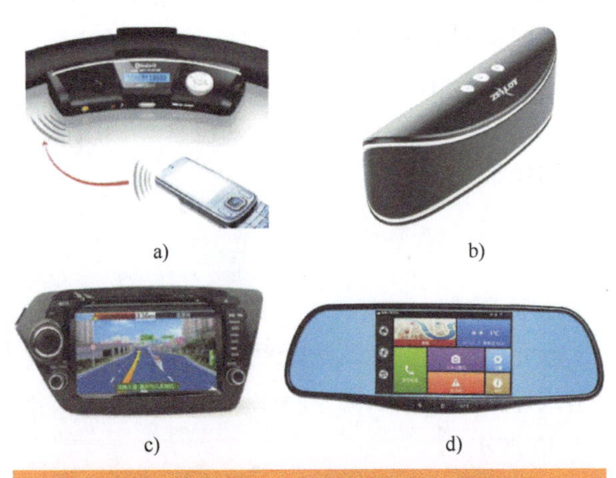

图3-16　蓝牙技术在汽车上的应用
a）车载蓝牙电话　b）车载蓝牙音响　c）车载蓝牙导航　d）蓝牙后视镜

3.2.3　射频识别技术

1. 射频识别技术的定义

射频识别（RFID）技术也称为电子标签，是一种无线通信技术，可以通过无线电信号识别特定目标并读写相关数据，而无须识别系统与特定目标之间建立机械或者光学接触，所以，它是一种非接触式的自动识别技术。射频识别系统主要由电子标签、读写器和天线等部分组成，如图 3-17 所示。

2. 射频识别技术的特点

射频识别技术具有以下特点。

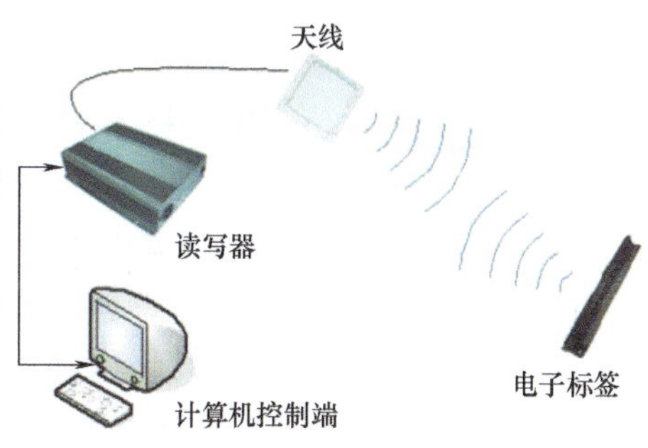

图 3-17 射频识别系统的组成

1）读取方便快捷。数据的读取无须光源，甚至可以透过外包装来进行，有效识别距离更大，采用自带电池的主动标签时，有效识别距离可达到 30m 以上。

2）识别速度快。标签一进入磁场，读写器就可以即时读取其中的信息，而且能够同时处理多个标签，实现批量识别。

3）数据容量大。数据容量最大的二维条形码，最多也只能存储 2725 个数字，若包含字母，存储量则会更少；RFID 标签则可以根据用户的需要扩充到数万。

4）穿透性通信和无屏障阅读。在被覆盖的情况下，RFID 能够穿透纸张、木材和塑料等非金属或非透明的材质，并能够进行穿透性通信。

5）使用寿命长，应用范围广。无线通信方式使其可以应用于粉尘、油污等高污染环境和放射性环境，而且其封闭式包装使得其寿命大大超过印刷的条形码。

6）标签数据可动态更改。利用编程器可以向标签写入数据，从而赋予 RFID 标签交互式便携数据文件的功能，而且写入时间相比打印条形码更少。

7）安全性好。它不仅可以嵌入或附着在不同形状、类型的产品上，而且可以为标签数据的读写设置密码保护，从而具有更高的安全性。

8）动态实时通信。标签以 50~100 次/s 的频率与读写器进行通信，所以只要 RFID 标签所附着的物体出现在解读器的有效识别范围内，就可以对其位置进行动态的追踪和监控。

3. 射频识别技术在汽车上的应用

射频识别技术凭借其实时、准确的对高速移动目标的快速识别特性，将成为未来交通信息采集与监管的主要手段。射频识别技术具有以下用途。

1）用于交通信息的采集，例如采集机动车流量、车辆平均车速、道路拥堵状况。

2）智能交通控制，例如交通信号优化控制、公交信号优化控制、特定区域出入管理。

3）违章、违法行为检测。其与视频监控、视频抓拍系统配合，通过 RFID 射频识别设备对过往车辆进行检测、抓拍和身份判别。

4）电子不停车收费系统、无钥匙系统、汽车防伪查询等。

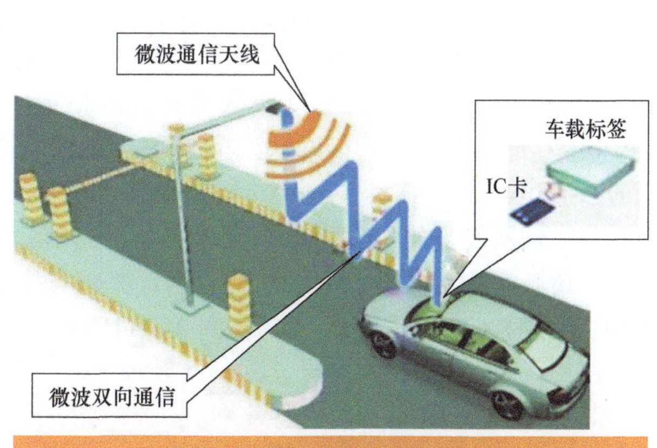

图 3-18 基于射频识别技术的电子不停车收费系统

图 3-18 所示为基于射频识别技术的

电子不停车收费系统。

3.2.4 DSRC 通信技术

1. DSRC 通信技术的定义

专用短程通信（DSRC）技术主要基于 IEEE 802.11p 与 IEEE 1609 系列标准，是一种专门用于 V2V 和 V2I 之间的通信标准，主要由美国、日本主导。

DSRC 技术是一种高效的短程无线通信技术，它可以实现在特定小区域内对高速运动下的移动目标的识别和双向通信，例如车辆与车辆（V2V）、车辆与路侧基础设施（V2I）双向通信，实时传输图像、语音和数据信息，将车辆和道路有机连接。

2. DSRC 通信系统的组成

DSRC 通信系统主要由车载单元（OBU）、路侧单元（RSU）以及 DSRC 协议 3 部分组成，如图 3-19 所示。路侧单元通过有线光纤的方式连入互联网。蓝车代表 V2V/V2I 类安全业务，绿车代表远程信息处理（Telematics）广域业务。车辆与车辆之间的信息交换通过 RSU 和 OBU 之间通信实现，Telematics 业务通过 802.11p+RUS 回程的方式实现。可以看到 DSRC 架构中需要部署大量的 RSU 才能较好地满足业务需要，建设成本较高。

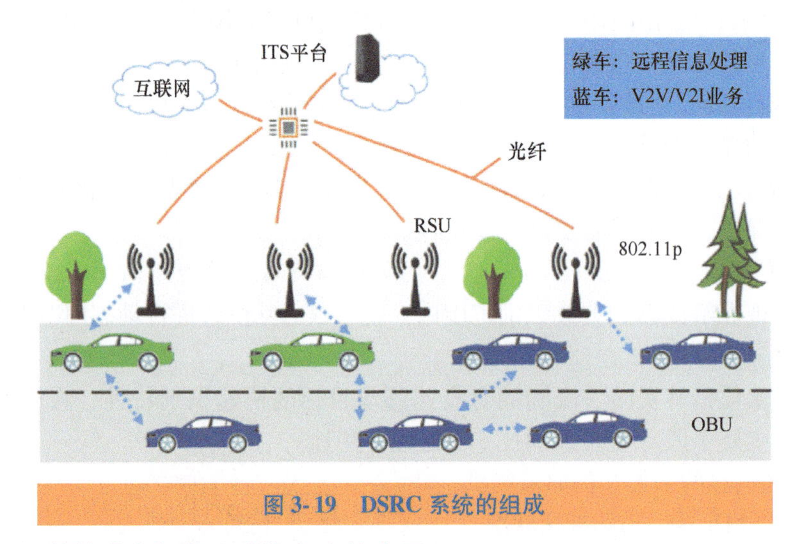

图 3-19　DSRC 系统的组成

3. DSRC 通信技术在智能网联汽车上的应用

DSRC 通信技术在智能网联汽车上可实现 V2X 通信。DSRC 的有效通信距离为数百米，车辆通过 DSRC 以 10 次/s 的频率，向路上其他车辆发送位置、车速、方向等信息；当车辆接收到其他车辆所发出的信号，在必要时（如马路转角有其他车辆驶出，或前方车辆突然紧急制动、变道）车内装置会以闪烁信号、语音提醒或是座椅、转向盘振动等方式提醒驾驶人注意，DSRC 通信技术应用于 V2X 通信如图 3-20 所示。

3.2.5 LTE-V 通信技术

1. LTE-V 通信技术的定义

LTE-V 是基于 LTE 的智能网联汽车协议，由 3GPP 主导制定规范，主要参与厂商包括华为、大唐电信、LG 等。

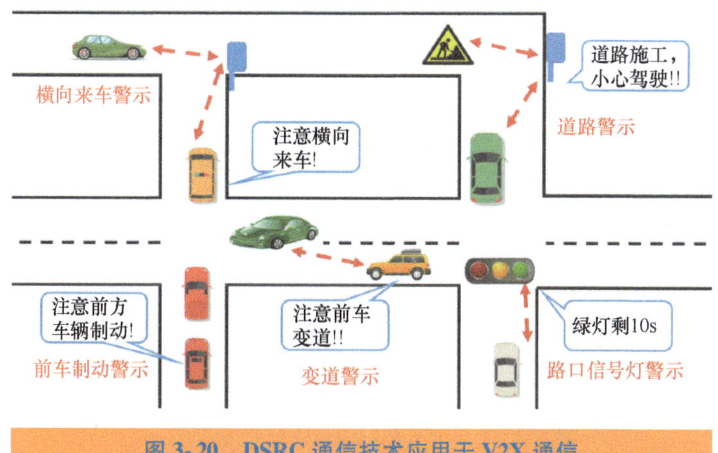

图 3-20 DSRC 通信技术应用于 V2X 通信

LTE 是指长期演进，LTE-V 是指基于 LTE 网络的 V2X 通信技术，是 C-V2X 现阶段的主要解决方案。

LTE-V 按照全球统一规定的体系架构及其通信协议和数据交互标准，在车辆与车辆（V2V）、车辆与路侧基础设施（V2I）、车辆与行人（V2P）之间组网，构建数据共享交互桥梁，助力实现智能化的动态信息服务、车辆安全驾驶、交通管控等，LTE-V 通信技术如图 3-21 所示。

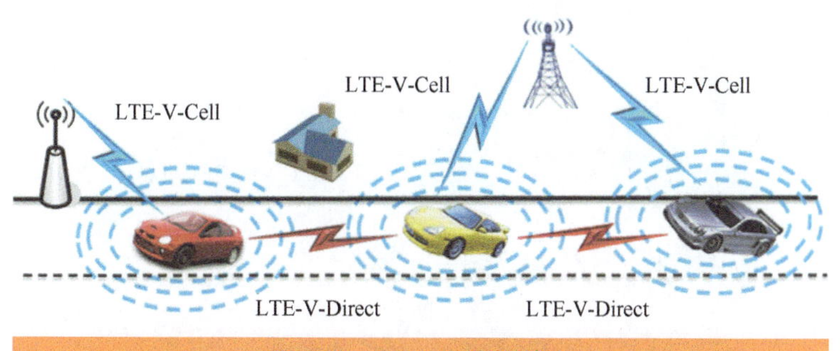

图 3-21 LTE-V 通信技术

2. LTE-V 通信系统的组成

LTE-V 通信系统由用户终端、路侧单元（RSU）和基站 3 部分组成，如图 3-22 所示。LTE-V 针对车辆应用定义了两种通信方式，即蜂窝链路式（LTE-V-Cell）和短程直通链路式（LTE-V-Direct），其中 LTE-V-Cell 通过 Uu 接口承载传统的车联网 Telematics 业务，操作于传统的移动宽带授权频段；LTE-V-Direct 通过 PC5 接口实现 V2V、V2I 直接通信，促进实现车辆安全行驶。在 LTE-V-Direct 通信模式下，车辆之间的信息交互基于广播方式，可采用终端直通模式，也可经由 RSU 来进行交互，大大减少了 RSU 需要的数量。

3. LTE-V 通信技术在智能网联汽车上的应用

LTE-V 技术能够满足智能交通多样化的应用需求，结合蜂窝和直通技术，全面支持智能网联汽车的行驶安全、信息娱乐、后台监控等多种业务。

LET-V 技术在智能网联汽车上的部分应用场景如图 3-23 所示。

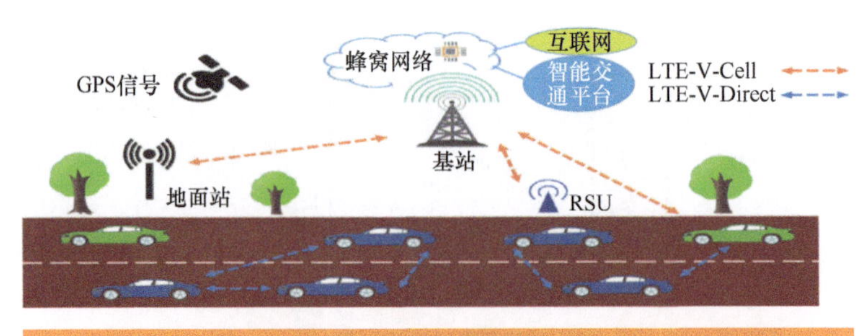

图 3-22 LTE-V 系统的组成

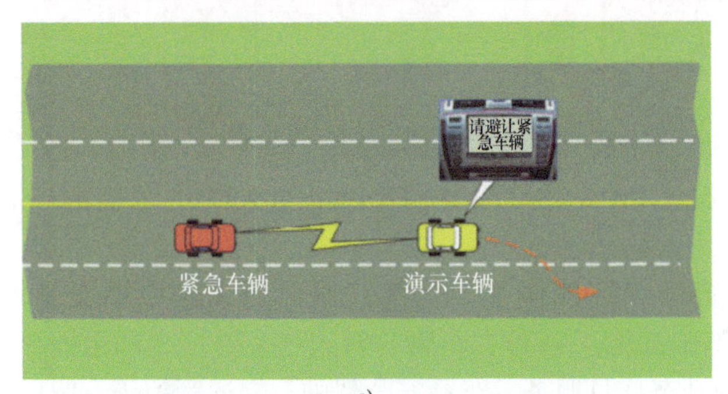

a)

b)

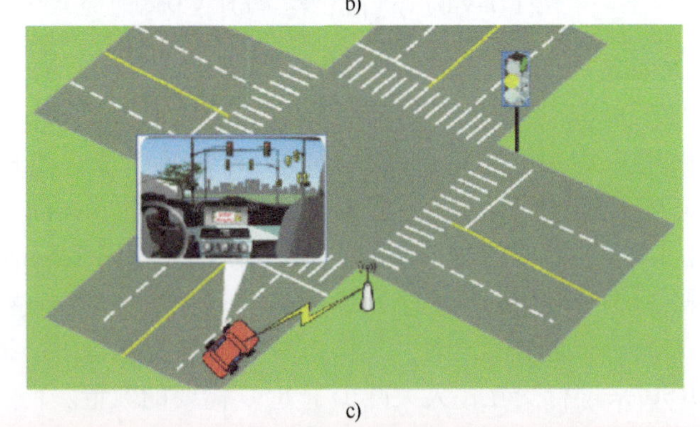

c)

图 3-23 LET-V 技术在智能网联汽车上的部分应用场景

a）基于车辆-车辆通信的紧急车辆接近警示 b）基于交叉口交通信息的车辆安全通行
c）基于车路协同的车辆引导控制

3.2.6 5G通信技术

1. 5G通信技术的定义

5G是第5代移动通信系统。5G是4G的延伸，是对现有无线接入技术（包括3G、4G和Wi-Fi）的技术演进，以及一些新增的补充性无线接入技术集成后解决方案的总称。图3-24所示为5G传输速率的形象比喻。

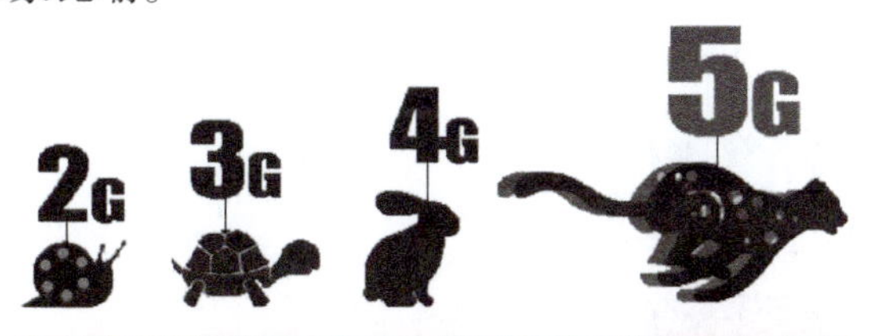

图3-24 5G传输速率的形象比喻

5G网络将融合多类现有或未来的无线接入传输技术和功能网络，包括传统蜂窝网络、大规模多天线网络、认知无线网络、无线局域网、无线传感器网络、小型基站、可见光通信和设备直连通信等，并通过统一的核心网络进行管控，以提供超高速率和超低时延的用户体验及多场景的一致无缝服务。

2. 5G网络的特点

5G移动通信技术具有以下特点。

1）高速度。对于5G的基站，峰值速度要求不低于20Gbit/s，用户可以每秒钟下载一部高清电影，也可支持VR视频。高速度给对速度有很高要求的业务提供了机会和可能。

2）泛在网。泛在网有两个层面的含义：一是广泛覆盖；二是纵深覆盖。

3）低功耗。5G要支持大规模物联网应用，就必须要有功耗的要求。如果能把功耗降下来，让大部分物联网产品一周充一次电，甚至一个月充一次电，就能大大改善用户体验，促进物联网产品的快速普及。

4）低时延。5G时延降低到1ms，5G的一个新场景是无人驾驶汽车，需要中央控制中心和汽车进行互联，车与车之间也应进行互联。在高速行驶中，需要在最短的时延中，把信息送到车上，进行制动与车控反应。

5）万物互联。5G时代，终端不是按人来定义的，因为每个人、每个家庭都可能拥有数个终端。通信业对5G的愿景是每平方千米，可以支撑100万个移动终端。

6）重构安全。在5G基础上建立的是智能互联网，智能互联网不仅要实现信息传输，还要建立起一个社会和生活的新机制与新体系。智能互联网的基本精神是安全、管理、高效、方便，这就需要重新构建安全体系。

3. 5G在智能网联汽车上的应用

5G网络本身具有的超大带宽、超低时延特性，可以实时搜集传输更多、更精确的环境信息，使用云化的计算能力用于车辆本身自动驾驶的决策。5G能够加速推进C-V2X在智能网联汽车上的应用，可以增强安全性、减少行车时间/提高能源效率、加速网络效应，5G在智能网联汽车上的应用如图3-25所示。

1）增强安全性，包括实时情境感知、全新类型传感器数据共享以及安全性提升至更高水平。5G 速率更快，可支持车辆与车辆之间传感器数据的分享。

2）减少行车时间，提高能源效率。5G 引入协作式驾驶，不仅有 AI 支持的单车智能，还可以通过车联网以及车辆与车辆之间的协作式驾驶提高整体行驶效率。

3）加速网络效应。5G 相比 4G 在网络容量、网络速率上有很大的提升，5G 支持的 C-V2X 技术也在 4G 基础上有很大提升。传感器共享及路侧基础设施部署可在 5G C-V2X 部署初期即带来众多效益。

图 3-25　5G 在智能网联汽车上的应用

3.2.7　V2X 通信系统安全风险

V2X 通信系统安全风险主要来源于网络通信、业务应用、车载终端、路侧设备等。

1. 网络通信

（1）蜂窝通信接口　蜂窝通信接口场景下，V2X 通信系统面临的安全风险主要有假冒终端、伪基站、信令/数据窃听、信令/数据的篡改/重放等，危害 V2X 智能网联业务安全。

（2）直连通信接口　短距离直连通信场景下，V2X 通信系统面临着虚假信息、假冒终端、信息篡改/重放、隐私泄露等安全风险，直接威胁着用户的安全。

2. 业务应用

V2X 业务应用包括基于云平台的业务应用以及基于 PC5/V5 接口的直连通信业务应用。基于云平台的应用以蜂窝通信为基础，在流程、机制等方面与移动互联网通信模式相同，存在假冒用户、假冒业务服务器、非授权访问、数据安全等安全风险；直连通信应用以网络层 PC5 广播通道为基础，在应用层通过 V5 接口实现，该场景下主要面临着假冒用户、消息篡改/伪造/重放、隐私泄露、消息风暴等安全风险。

3. 车载终端

车载终端除了传统的导航能力，未来更是集成了移动办公、车辆控制、辅助驾驶、自动驾驶等功能。功能的高度集成也使得车载终端更容易成为黑客攻击的目标，造成信息泄露、车辆失控等重大安全问题。因此车载终端面临着比传统终端更大的安全风险。

4. 路侧设备

路侧设备是 V2X 智能网联系统的核心单元，它的安全关系到车辆、行人和道路交通的整体安全。它面临非法接入、运行环境风险、设备漏洞、远程升级风险和部署维护风险等。

3.3 V2X 通信技术的应用场景

借助人、车、路、云平台之间的全方位连接和高效信息交互，V2X 正从信息服务类应用向交通安全和提高效率应用发展，并将逐步向支持实现自动驾驶的协同服务类应用演进。

3.3.1 辅助驾驶应用场景及技术需求

1. 辅助驾驶应用场景

辅助驾驶应用场景见表 3-1，这些应用场景基于 V2X 信息交互，实现车辆、路侧基础设施、行人等交通参与者之间的实时状态共享，辅助驾驶人进行决策。

表 3-1 辅助驾驶应用场景

序号	类　别	应用名称
1	安全	前向碰撞预警
2		交叉路口碰撞预警
3		左转辅助
4		盲区预警/变道辅助
5		逆向超车预警
6		紧急制动预警
7		异常车辆提醒
8		车辆失控预警
9		道路危险状况提示
10		限速预警
11		闯红灯预警
12		弱势交通参与者碰撞预警
13	效率	绿波车速引导
14		车内标牌
15		前方拥堵提醒
16		紧急车辆提醒
17	信息服务	汽车近场支付

图 3-26 所示为基于 V2V 的交叉路口碰撞预警。交叉路口碰撞预警是指主车驶向交叉路口，与侧向车辆在交叉路口存在碰撞危险时，应对主车驾驶人进行预警，避免或减轻侧向碰撞。其中交叉路口包括十字路口、丁字路口、环岛、高速匝道等。

图 3-27 所示为基于 V2P 的弱势交通参与者碰撞预警。弱势交通参与者碰撞预警是指汽车在行驶过程中，若发现与弱势交通参与者存在碰撞危险时，则对驾驶人进行预警，避免或减轻碰撞危险。其中 P 可为行人、自行车等，P 具备短程无线通信能力，若 P 不具备通信能力，

则路侧单元（RSU）可通过雷达、视觉传感器检测周边P，并广播P的相关信息。

图3-26　基于V2V的交叉路口碰撞预警

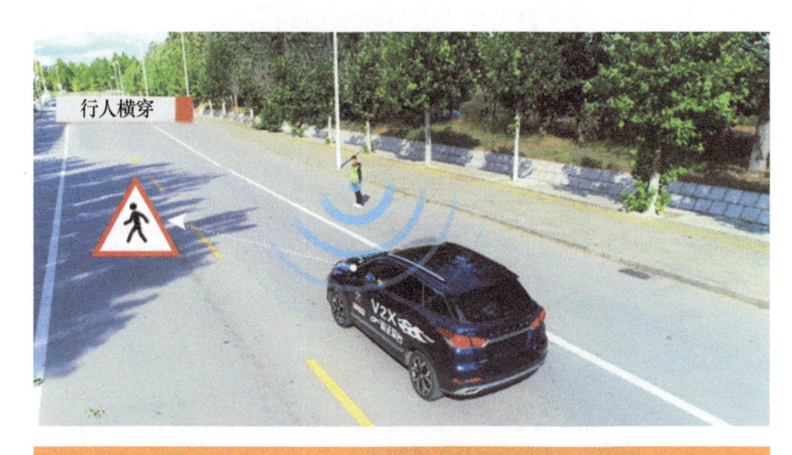

图3-27　基于V2P的弱势交通参与者碰撞预警

2. 辅助驾驶应用场景技术要求

辅助驾驶应用场景对通信网络、数据处理、定位等提出了具体的要求。

1）在通信方面，时延要求小于100ms，在特殊情况下小于20ms，可靠性需满足90%～99%，典型数据包大小为50～300B，最大为1200B。

2）在数据处理方面，据统计单车产生的数据每天约为GB级，对大量车辆、道路、交通等数据的汇聚，需要满足海量数据储存的需求，同时对这些数据提出实时共享、分析和开放的需求。

3）在定位方面，定位精度满足车道级定位，即米级定位，并且车辆需要获取道路拓扑结构。

3.3.2　自动驾驶应用场景及技术需求

1. 自动驾驶应用场景

5G技术的更大数据吞吐量、更低时延、更高安全性和更海量连接等特性，极大地促进了智能驾驶和智慧交通发展。产业各方开始了面向自动驾驶的增强型应用场景的研究与制订，一方面从基础典型应用场景的实时状态共享过渡到车辆与车辆、车辆与路侧基础设施、车辆与云端的协同控制，增强信息交互复杂程度，可实现协同自动驾驶与智慧交通的应用；另一方面，基于通信与计算技术的提升，交通参与者之间可以实时传输高精度视觉传感器数据，甚至是局部动态高精度地图数据，提高感知精度与数据丰富程度。自动驾驶应用场景见表 3-2。

表 3-2 自动驾驶应用场景

序号	类　别	应用名称
1	安全	协作式变道
2		协作式匝道汇入
3		协作式交叉口通行
4		感知数据共享/车路协同感知
5		道路障碍物提醒
6		慢行交通轨迹识别及行为分析
7	效率	车辆编队
8		协作式车队管理
9		特殊车辆信号优先
10		动态车道管理
11		车辆路径引导
12		场站进出服务
13		基于实时网联数据的交通信号配时动态优化
14		高速公路专用道柔性管理
15		智能停车引导
16	信息服务	浮动车数据采集
17		差分数据服务
18		基于车路协同的主被动电子收费
19		基于车路协同的远程软件升级

2. 自动驾驶应用场景技术要求

自动驾驶应用场景对通信网络、信息交互、数据处理、定位等提出新的要求。

1）在通信方面，单车上下行数据速率需求大于 10Mbit/s，部分场景需求 50Mbit/s，时延需求为 3~50ms，可靠性需大于 99.999%。

2）在信息交互方面，需实时交互车辆、道路、行人的全量数据，利用多传感器融合技术获取实时动态交通高精度地图。

3）在数据处理方面，单车每天将产生上千 TB 级的数据，对数据的存储、分析等计算能力提出更高的要求。

4）在定位方面，需达到亚米级甚至厘米级的定位精度。

练习题

一、名词解释

1. 车载网络
2. 车载自组织网络
3. 车载移动互联网络
4. V2X 通信技术
5. C-V2X 通信技术
6. 蓝牙技术
7. 射频识别技术
8. DSRC 通信技术
9. LTE-V 通信技术

二、简答题

1. 车载网络有些类型？
2. 以太网有哪些特点？
3. 举例说明蓝牙技术在汽车上有哪些应用。
4. 举例说明射频识别技术在汽车上有哪些应用。
5. DSRC 通信系统由哪几部分组成？
6. LTE-V 通信系统由哪几部分组成？
7. 5G 技术有哪些特点？
8. 举例说明 V2X 的主要应用场景。

第 4 章

智能网联汽车导航定位技术

教学目标

通过本章的学习，学生能够掌握导航定位的定义与类型，了解全球卫星定位技术、北斗卫星导航系统、惯性导航系统、通信基站定位、同时定位与地图构建（SLAM）技术和电子地图技术。

教学要求

知识要点	能力与素养要求
导航定位的定义与类型	掌握导航定位的定义；了解全球导航卫星系统的类型
全球卫星定位技术	了解全球卫星定位系统、差分全球卫星定位系统、GPS/DR 组合导航定位系统
北斗卫星导航系统	了解北斗卫星导航系统的组成和特点
惯性导航系统	掌握惯性导航系统的定义、作用和特点
通信基站定位	了解通信基站定位的 AOA 定位法、TOA 定位法和 TDOA 定位法
同时定位与地图构建（SLAM）技术	了解视觉 SLAM 技术、激光 SLAM 技术以及二者的区别
电子地图技术	了解导航电子地图和高精度地图的定义、特点和用途等

导入案例

图 4-1 所示为无人驾驶汽车，车内的人员可以聊天、办公、购物、开会等，不需要监管汽车。这是未来人们的生活，无人驾驶汽车不仅是交通工具，更是人们生活、办公的场所，无人驾驶汽车将改变未来人类的生活方式。

智能网联汽车和无人驾驶汽车在行驶过程中是如何定位的？高精度地图有哪些作用？通过对本章知识的学习，读者可以得到答案。

图 4-1 无人驾驶汽车

4.1 导航定位的定义与类型

4.1.1 导航定位的定义

导航定位负责实时提供智能网联汽车的运动信息，包括位置、速度、姿态、加速度、角速度等，一般采用的是多传感器融合定位的方式。

智能网联汽车或无人驾驶汽车的导航定位通过全球卫星定位系统（GPS）、北斗卫星导航系统（BDS）、惯性导航系统（INS）、视觉 SLAM 定位、激光雷达 SLAM 定位、通信基站定位、高精度地图定位等，获取车辆的位置和航向信息。

按照定位的方式，定位可分为绝对定位、相对定位和组合定位。

（1）绝对定位　绝对定位通过 GPS 或 BDS 实现，采用双天线，通过卫星获得车辆在地球上的绝对位置和航向信息。

（2）相对定位　相对定位根据车辆的初始位姿，通过惯性导航获得车辆的加速度和角加速度信息，将其对时间进行积分，可得到相对初始位姿的当前位姿信息。

（3）组合定位　组合定位是将绝对定位和相对定位进行结合，以弥补单一定位方式的不足。

现在大多数智能网联汽车处于 L1 和 L2 级别，仅需要实现普通的 ADAS 功能便已足够，这一阶段对于卫星定位的精度只需要导航级精度即可。

当智能网联汽车步入 L3 级别甚至以上时，就要求在高速公路、停车场泊车等特殊场景实现全自动驾驶，这需要高精度定位技术实现厘米级的定位，才能真正实现高速公路上变道超车、上下匝道以及定点泊车等功能。

4.1.2 全球导航卫星系统的类型

全球导航卫星系统分别是美国的全球卫星定位系统（GPS）、俄罗斯的格洛纳斯（GLONASS）系统、中国的北斗卫星导航系统、欧洲的伽利略系统，全球导航卫星系统如图 4-2 所示。

图 4-2　全球导航卫星系统

4.2 全球卫星定位技术

4.2.1　全球卫星定位系统

全球卫星定位系统（GPS）是由美国国防部建设的基于卫星的无线电导航定位系统。它能连续为世界各地的陆海空用户提供精确的位置、速度和时间信息，最大优势是覆盖全球，全天候工作，可以为高动态、高精度平台服务，目前得到普遍应用。

1. 全球卫星定位系统的组成

GPS 是由导航卫星、地面监控设备和 GPS 用户组成的，如图 4-3 所示。

（1）导航卫星　导航卫星由分布在 6 个地球椭圆轨道平面上的 21 颗工作卫星和 3 颗在轨备用卫星组成，相邻轨道之间的卫星彼此呈 30°夹角，每个轨道面上都有 4 颗卫星，在距离地球约 20000km 的高空上进行监测。这些卫星每 12h 环绕地球一圈，在地球上的任何地方、任何时间都可以观测到 4 颗以上的 GPS 卫星，保持定位的精度，从而提供连续的全球导航能力。导航卫星的任务是接收和存储来自地面监控设备发送来的导航定位控制指令，通过微处理器进行数据处理，以原子钟精确的时间为基准向用户连续发送导航定位信息。

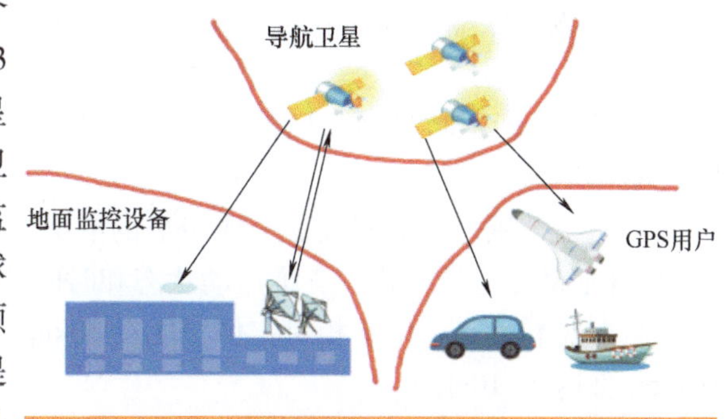

图 4-3　GPS 的组成

（2）地面监控设备　地面监控设备由 1 个主控站、4 个注入站和 6 个监测站组成，它们的任务是实现对导航卫星的控制。

（3）GPS 用户　GPS 用户主要由 GPS 接收机和 GPS 数据处理软件组成。GPS 接收机的主要功能是接收、追踪、放大卫星发射的信号，获取定位的观测值，提取导航电文中的广播星历以及卫星时钟改正参数等。GPS 数据处理软件的主要功能是对 GPS 接收机获取的卫星测量记录数据进行预处理，并对处理的结果进行平差计算、坐标旋转和分析综合处理，计算出用户所在位置的三维坐标、速度、方向和精确时刻等。

2. GPS的工作原理

GPS卫星不断地传送轨道信息和卫星上的原子钟产生的精确时间信息，GPS接收机上有一个专门接收无线电信号的接收器，同时也有自己的时钟。当接收机收到一颗卫星传来的信号时，接收机可以测定该卫星离用户的空间距离，用户就位于以观测卫星为球心、以观测距离为半径的球面与地球表面相交的圆弧的某一点；当GPS接收机观测到第二颗卫星的信号时，以第二颗卫星为球心、以第二个观测距离为半径的球面也与地球表面相交为一个圆弧，上述两个圆弧在地球表面会有两个交会点，还不能确定出用户唯一的位置；当GPS接收机观测到第三颗卫星的信号时，以第三颗卫星为球心、以第三个观测距离为半径的球面也与地球表面相交为一个圆弧，上述三个圆弧在地球表面相交于一点，该点即为GPS用户所在的位置。如果没有时钟误差，用户接收机只要利用接收观测到的3颗卫星的距离观测值，就可以唯一确定出用户所在的位置。但由于GPS接收机的时钟有误差，从而会使测得的距离含有误差，所以定位时要求接收机至少观测到4颗卫星的距离观测值才能同时确定出用户所在空间位置及接收机时钟差。当GPS接收机观测到4颗以上的卫星信号时，就可以得到更为精确和可靠的位置、速度和时间信息。

图4-4所示为4颗卫星定位原理。

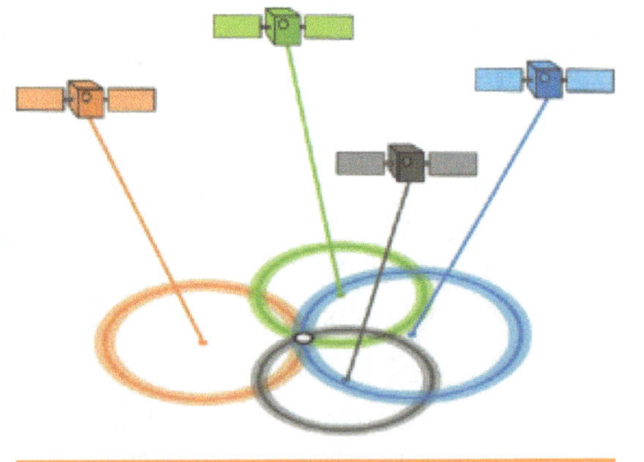

图4-4　4颗卫星定位原理

3. GPS的特点

GPS具有以下特点。

1）能够全球全天候定位，因为GPS卫星的数目较多，且分布均匀，保证了地球上任何地方、任何时间至少可以同时观测到4颗GPS卫星，确保实现全球、全天候连续的导航定位服务。

2）覆盖范围广，能够覆盖全球98%的范围，可满足位于全球各地或近地空间的军事用户连续精确地确定三维位置、三维运动状态和时间的需要。

3）定位精度高，GPS相对定位精度在50km以内可达6~10m，100~500km可达7~10m，1000km可达9~10m。

4）观测时间短，20km以内的相对静态定位仅需15~20min；快速静态相对定位测量，当每个流动站与基准站相距15km以内时，流动站观测时间只需1~2min；采取实时动态定位模式时，每个流动站观测仅需几秒钟。

5）可提供全球统一的三维地心坐标，可同时精确测定测站平面位置和大地高程。

6）测站之间无须通信，只要求测站上空开阔，这既可大大减少测量工作所需的经费和时间，也使选点工作更灵活，可省去经典测量中的传算点、过渡点等的测量工作。

4.2.2　差分全球卫星定位系统

卫星距离测量存在着卫星钟与传播延迟导致的误差等问题。为了提高GPS定位精度，可

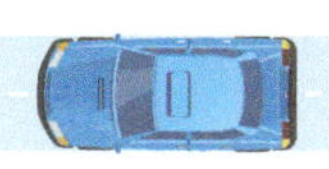

以采用差分全球卫星定位系统进行车辆的定位。差分全球卫星定位系统（DGPS）是在 GPS 的基础上利用差分技术使用户能够从 GPS 中获得更高的精度。DGPS 由基准站、数据传输设备和移动站组成，如图 4-5 所示。

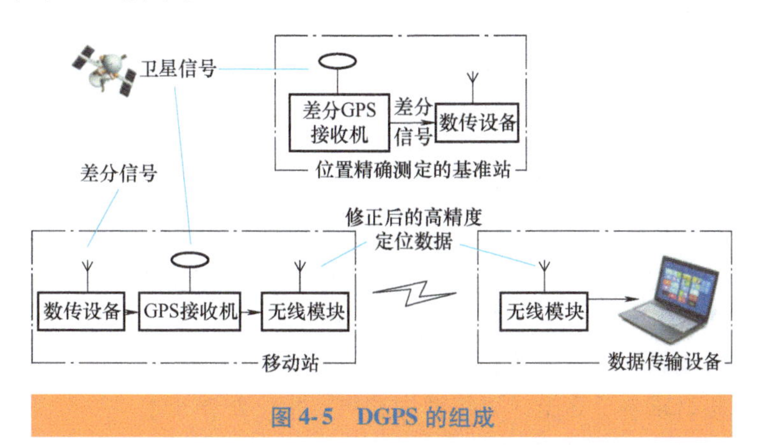

图 4-5 DGPS 的组成

DGPS 实际上是把一台 GPS 接收机放在位置已精确测定的点上，组成基准站。基准站接收机通过接收 GPS 卫星信号，将测得的位置与该固定位置的真实位置的差值作为公共误差校正量，通过无线数据传输设备将该校正量传送给移动站的接收机。移动站的接收机用该校正量对本地位置进行校正，最后得到厘米级的定位精度。附近的 DGPS 用户接收到修正后的高精度定位信息，从而大大提高其定位精度。

根据 DGPS 基准站发送的信息方式可将 DGPS 定位分为三类，即位置差分、伪距差分和载波相位差分。这三类差分方式的工作原理是相同的，都是由基准站发送改正数，由移动站接收并对其测量结果进行改正，以获得精确的定位结果。所不同的是，发送改正数的具体内容不一样，其差分定位精度也不同。

1. 位置差分

位置差分是最简单的差分方法，适合于所有 GPS 接收机。位置差分要求基准站和移动站观测同一组卫星。安装在基准站上的 GPS 接收机观测 4 颗卫星后便可进行三维定位，解算出基准站的观测坐标。由于存在着轨道误差、时钟误差、大气影响、多径效应以及其他误差等，解算出的观测坐标与基准站的已知坐标是不一样的，存在误差。将已知坐标与观测坐标之差作为位置改正数，通过基准站的数据传输设备发送出去，由移动站接收，并且对其解算的移动站坐标进行改正。最后得到的改正后的移动坐标已消去了基准站和移动站的共同误差，例如卫星轨道误差、大气影响等，提高了定位精度。位置差分法适用于用户与基准站间距离在 100km 以内的情况。

2. 伪距差分

伪距差分是目前用途最广的一种技术，几乎所有的商用 DGPS 接收机均采用这种技术。利用基准站已知坐标和卫星星历可计算出基准站与卫星之间的计算距离，将计算距离与观测距离之差作为改正数，发送给移动站，移动站利用此改正数来改正测量的伪距。最后，用户利用改正后的伪距来解出本身的位置，就可消去公共误差，提高定位精度。

与位置差分相似，伪距差分能将两站公共误差抵消，但随着用户到基准站距离的增加，又出现了系统误差，这种误差用任何差分法都是不能消除的。用户和基准站之间的距离对精度有决定性影响。

3. 载波相位差分

载波相位差分（RTK）技术是建立在实时处理两个测站的载波相位基础上的，它能够实时地提供测站点在指定坐标系中的三维定位结果，并达到厘米级精度。在 RTK 作业模式下，基站采集卫星数据，并通过数据链将其观测值和站点坐标信息一起传送给移动站，而移动站通过对所采集到的卫星数据和接收到的数据链进行实时载波相位差分处理（历时不足 1s），得出厘米级的定位结果。

与伪距差分原理相同，载波相位差分原理为由基准站通过数据传输设备实时将其载波观测量及站坐标信息一同传送给移动站。移动站接收 GPS 卫星的载波相位与来自基准站的载波相位，并组成相位差分观测值进行实时处理，能实时给出厘米级的定位结果。

实现载波相位差分 GPS 的方法有修正法和差分法。前者与伪距差分相同，基准站将载波相位修正量发送给移动站，以改正其载波相位，然后求解坐标；后者将基准站采集的载波相位发送给移动站，进行求差解算坐标。前者为准载波相位差分技术，后者为真正的载波相位差分技术。

4.2.3 GPS/DR 组合导航定位系统

车辆航位推算（DR）方法是一种常用的自主式车辆定位技术。相对于 GPS，它不用发射接收信号，不受电磁波影响，机动灵活，只要车辆能达到的地方都能定位。但是由于这种定位方法的误差随时间推移而发散，所以只能在短时间内获得较高的精度，不宜长时间单独使用。

DR 是利用载体上某一时刻的位置，根据航向和速度信息，推算得到当前时刻的位置，即根据实测的汽车行驶距离和航向计算其位置和行驶轨迹。它一般不受外界环境影响，但由于其本身误差是随时间积累的，所以单独工作时不能长时间保持高精度。

GPS/DR 组合导航定位系统由 GPS 以及电子罗盘、里程计和导航计算机等组成，如图 4-6 所示。

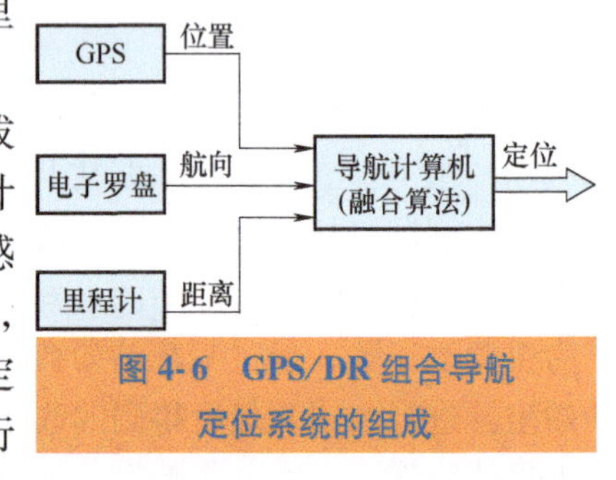

图 4-6 GPS/DR 组合导航定位系统的组成

GPS 独立给出车辆所在位置的绝对经度、纬度和海拔高度；电子罗盘作为航向传感器测量车辆的航向；里程计测量汽车单位时间内行驶的里程；导航计算机采集各传感器数据，并做航迹推算、GPS 坐标变换及相关数据预处理，由融合算法估计出车辆的动态位置。GPS/DR 组合导航定位系统是一种相对低成本的导航系统，在这个系统上进行 GPS/DR 数据融合，可以实现较高精度的导航定位。

实现 GPS/DR 组合导航定位的关键在于如何将两者的数据融合，以达到最优的定位效果。

4.3 北斗卫星导航系统

北斗卫星导航系统目前在汽车领域还没有大面积推广应用，但在国家制订的智能网联汽车发展规划中，已明确提出要大力推广北斗卫星导航系统在智能网联汽车和无人驾驶汽车中的应用。

4.3.1 北斗卫星导航系统的组成

北斗卫星导航系统（BDS）由空间段、地面段和用户段三部分组成，如图 4-7 所示。

（1）空间段　北斗系统空间段由若干地球静止轨道卫星、倾斜地球同步轨道卫星和中圆地球轨道卫星 3 种轨道卫星组成混合导航星座。

（2）地面段　北斗系统地面段包括主控站、时间同步/注入站和监测站等若干地面站。

（3）用户段　北斗系统用户段包括北斗兼容其他卫星导航系统的芯片、模块、天线等基础产品，以及终端产品、应用系统与应用服务等。

图 4-7　BDS 的组成

4.3.2 北斗卫星导航系统的特点

北斗卫星导航系统具有以下特点。

1）空间段采用 3 种轨道卫星组成的混合星座，与其他卫星导航系统相比，高轨卫星更多，抗遮挡能力强，尤其在低纬度地区性能优势更为明显。

2）提供多个频点的导航信号，能够通过多频信号组合使用等方式提高服务精度。

3）创新融合了导航与通信功能，具备定位导航授时、星基增强、地基增强、精密单点定位、短报文通信和国际搜救等多种服务能力。

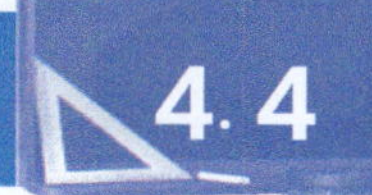

4.4 惯性导航系统

4.4.1 惯性导航系统的定义

GPS 可以为车辆提供精度为米级的绝对定位，差分 GPS 或 RTK GPS 可以为车辆提供精度为厘米级的绝对定位，然而并非所有的路段在所有时间都可以得到良好的 GPS 信号。因此，在自动驾驶领域，RTK GPS 的输出一般都要与 IMU、汽车自身的传感器（如轮速计、转向盘转角传感器等）进行融合。

惯性导航系统（INS）是一种利用惯性传感器测量载体的角速度信息，并结合给定的初始条件实时推算速度、位置、姿态等参数的自主式导航系统。具体来说，惯性导航属于一种推算导航方式，即从一已知点的位置根据连续测得的运动载体航向角和速度推算出其下一点的位置，因而可连续测出运动体的当前位置。

惯性导航系统主要采用加速度传感器和陀螺仪来测量载体参数，其原理如图 4-8 所示。

加速度传感器和陀螺仪结合就是惯性测量单元（IMU），一个测量速度，一个测量方向。IMU 的一个重要特征在于它以高频率更新，其频率可达到 1000Hz，所以 IMU 可以提供接近实时的位置信息。

惯性导航系统可以看成是 IMU 与软件的结合。图 4-9 所示为 IMU 产品，它通过内置的微处理器，能够以最高 200Hz 的频率输出实时的高精度三维位置、速度、姿态信息。

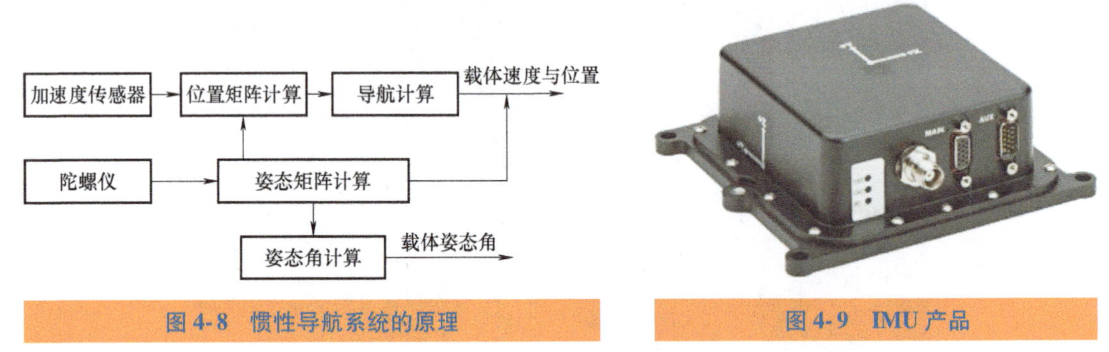

图 4-8　惯性导航系统的原理

图 4-9　IMU 产品

基于 GPS 或 BDS 和惯性传感器的融合是无人驾驶汽车一种重要的定位技术。

4.4.2　惯性导航系统的作用

惯性导航系统主要有两个作用：一个是在 GPS 信号丢失或很弱的情况下，暂时替代 GPS，用 IMU 进行定位；另一个作用是配合激光雷达进行精准定位（图 4-10）。

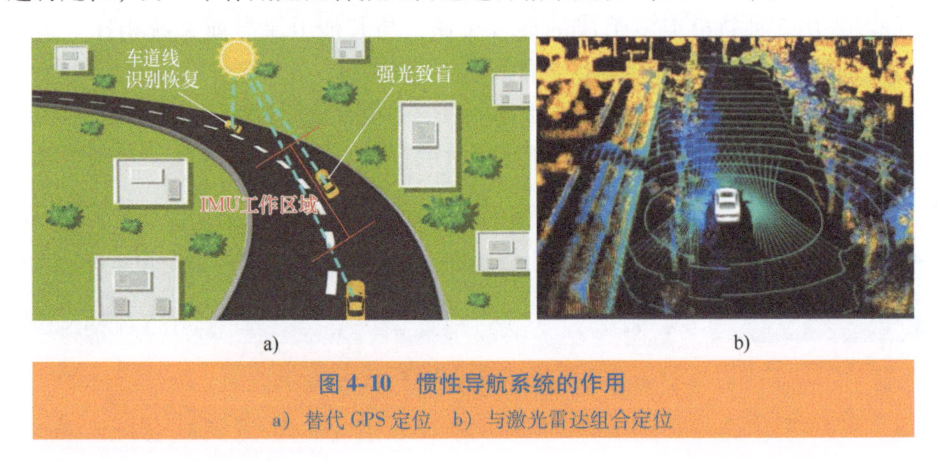

图 4-10　惯性导航系统的作用

a）替代 GPS 定位　b）与激光雷达组合定位

4.4.3　惯性导航系统的特点

（1）惯性导航系统的优点

1）由于它是不依赖于任何外部信息，也不向外部辐射能量的自主式导航系统，故隐蔽性好，也不受外界电磁干扰的影响。

2）可全天候在全球任何地点工作。

3）能提供位置、速度、航向和姿态角数据，所产生的导航信息连续性好而且噪声低。

4）数据更新率高，短期精度和稳定性好。

（2）惯性导航系统的缺点

1）由于导航信息经过积分而产生，因此定位误差随时间而增大，长期精度差。

2）每次使用之前需要较长的初始对准时间。

3）不能给出时间信息。

4.5 通信基站定位

基站作为移动通信网络不可缺少的网元，是移动终端与移动网络之间交互的重要组成部分。随着移动通信网络的迅速发展，更多的移动终端接入到移动通信网络中，越来越多的基站被建立起来，几乎遍布世界的每一个角落，为终端用户提供通信服务。所以移动通信网络中最基本的定位技术就是基于基站的定位技术。

常用的无线定位技术包括到达角（AOA）定位法、到达时间（TOA）定位法、到达时间差（TDOA）定位法等。

4.5.1 AOA 定位法

AOA 定位方法也称为方位测量定位方法，是由两个或多个基站接收到移动台的角度信息，然后计算移动台的位置，AOA 定位原理如图 4-11 所示。

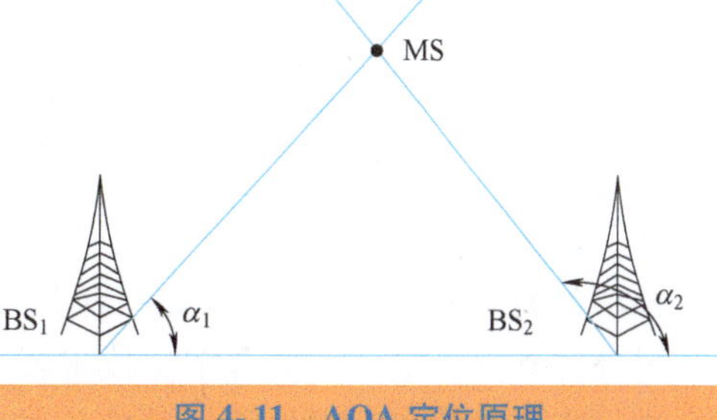

图 4-11 AOA 定位原理

假设有两个基站 BS_1 和 BS_2，α_1 和 α_2 分别是移动台 MS 到达两个基站 BS_1 和 BS_2 的角度，则

$$\tan\alpha_i = \frac{x-x_i}{y-y_i} \tag{4-1}$$

求解式（4-1），可估算出移动台的位置（x，y）。

4.5.2 TOA 定位法

TOA 是基于时间的定位方法，也称为圆周定位。它通过测量两点间的电波传播时间来计算移动台的位置。如果能够获取 3 个以上基站到移动台的传播时间，那么移动台在以（x_i，y_i）为圆心，以 ct_i 为半径的圆上，就能得出移动台的位置，TOA 定位原理如图 4-12 所示。

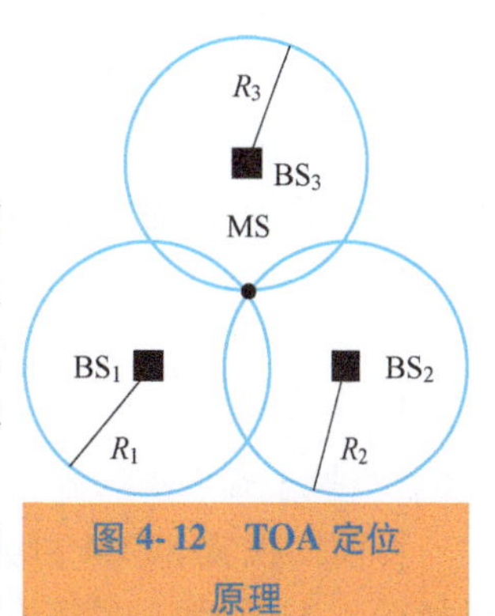

图 4-12 TOA 定位原理

BS_1、BS_2、BS_3 是 3 个基站，R_i 表示基站 BS_i 与移动台 MS 之间的直线距离，则移动台应该位于半径为 R_i、圆心在基站 BS_i 所在位

置的圆周上。记移动台的位置坐标为（x_0，y_0），基站的位置坐标为（x_i，y_i），则两者之间满足如下关系

$$(x_i-x_0)^2+(y_i-y_0)^2=R_i^2 \tag{4-2}$$

在实际无线电定位中，已知电磁波在空中的传播速度为光速 c，如果能够测得电磁波从移动台到达基站 BS_i 的时间为 t_i，则可以求出基站与目标移动台的距离 $R_i=ct_i$，分别取 $i=1$、2、3，代入式（4-2）可构成3个方程，即求得移动台的位置坐标（x_0，y_0）。

4.5.3 TDOA定位法

TDOA定位也称为双曲线定位，TDOA定位原理如图4-13所示。它是利用移动台到达不同基站的时间不同，获取到达各个基站的时间差，建立方程组，求解移动台位置，这种定位要求各个基站时间必须同步。移动台位于以两个基站为交点的双曲线上，通过建立两个以上双曲线方程，求解双曲线交点即可得到移动台的二维坐标位置。

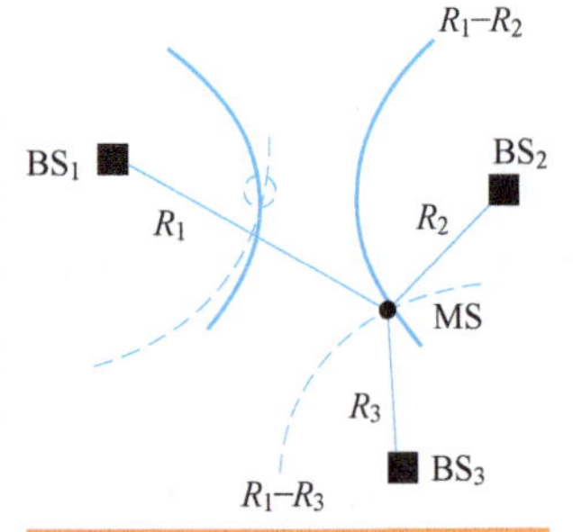

图4-13 TDOA定位原理

基站与移动台之间的距离差，通过测量信号从两个基站同时出发到达移动台或从移动台出发到达两基站的时间差 t_{21} 和 t_{31} 来确定，即 $R_{21}=R_2-R_1=ct_{21}$，$R_{31}=R_3-R_1=ct_{31}$。移动台坐标（x_0，y_0）和基站坐标（x_i，y_i）（$i=1$、2、3）之间的关系为

$$\left(\sqrt{(x_0-x_2)^2+(y_0-y_2)^2}-\sqrt{(x_0-x_1)^2+(y_0-y_1)^2}\right)^2=R_{21}^2 \tag{4-3}$$

$$\left(\sqrt{(x_0-x_3)^2+(y_0-y_3)^2}-\sqrt{(x_0-x_1)^2+(y_0-y_1)^2}\right)^2=R_{31}^2 \tag{4-4}$$

求解式（4-3）和式（4-4）能获得移动台坐标，然后根据先验信息，消除位置的模糊性，求得移动台的真实位置。TDOA定位法是目前各种蜂窝网络中主要采用的定位方法。

另外还有混合定位。混合定位技术就是把各种不同的测量信息和特征值进行融合，对移动台进行定位的技术。常见的混合定位技术有TDOA/AOA、TDOA/TOA、TOA/AOA、TDOA/场强定位等。

4.6 同时定位与地图构建（SLAM）技术

同时定位与地图构建（Simultaneous Localization and Mapping，SLAM）是指搭载特定传感器的主体，在没有环境先验信息的情况下，于运动过程中建立环境，同时估计自己的运动的模型。如果传感器为相机，则为“视觉SLAM”；如果传感器为激光雷达，则为“激光SLAM”。

4.6.1 视觉SLAM技术

1. 视觉SLAM的分类与特点

目前，视觉SLAM可分为单目、双目、深度相机（RGB-D）3个大类，视觉SLAM的相机如图4-14所示。另还有鱼眼、全景等特殊相机，但目前在研究和产品中还属于少数。此

外，结合惯性测量元件（Inertial Measurement Unit，IMU）的视觉 SLAM 也是现在的研究热点之一。

视觉 SLAM 的特点如图 4-15 所示。

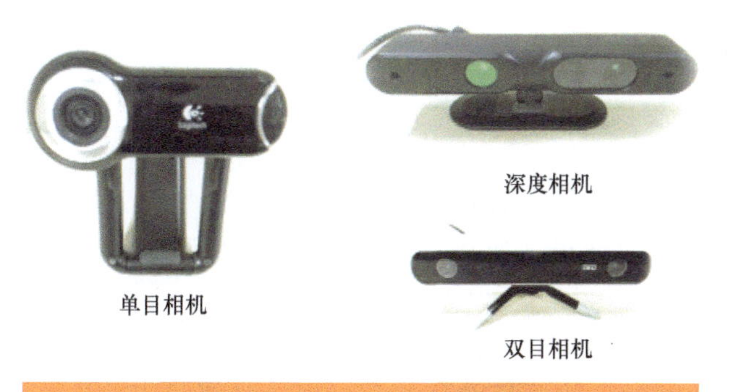

图 4-14　视觉 SLAM 的相机

单目	双目	RGB-D
成本低	计算深度	主动测深度
距离不受限	距离不受限	重建效果好
尺度不确定性	配置复杂	测量范围小
初始化问题	计算量大	受日光干扰
		受材质干扰

图 4-15　视觉 SLAM 的特点

单目相机 SLAM 仅用一个摄像头就能完成 SLAM。其最大的优点是传感器简单且成本低廉，但同时也有个大问题，就是不能确切地得到深度。一方面是由于绝对深度未知，单目 SLAM 不能得到目标的运动轨迹及地图的真实大小，如果把轨迹和房间同时放大两倍，单目看到的像是一样的，因此，单目 SLAM 只能估计一个相对深度；另一方面，单目相机无法依靠一张图像获得图像中物体离自己的相对距离。为了估计这个相对深度，单目 SLAM 要靠运动中的三角测量，来求解相机运动并估计像素的空间位置。也就是说，它的轨迹和地图只有在相机运动之后才能收敛，如果相机不进行运动，就无法得知像素的位置。单目 SLAM 不受环境大小的影响，因此既可以用于室内，又可以用于室外。

双目相机和深度相机的目的在于通过某种手段测量物体离我们的距离，克服单目无法知道距离的缺点。如果知道了距离，场景的三维结构就可以通过单个图像恢复出来，也就消除了尺度不确定性。尽管都是为测量距离，但双目相机与深度相机测量深度的原理是不一样的。

双目相机由两个单目相机组成，但这两个相机之间的距离（基线）是已知的，通过这个基线来估计每个像素的空间位置。计算机上的双目相机需要大量的计算才能估计每一个像素点的深度。双目相机测量到的深度范围与基线相关，基线距离越大，能够测量到的深度范围就越大，所以无人驾驶汽车上搭载的双目通常会较大。双目相机的距离估计是通过比较左右眼的图像获得的，并不依赖其他传感设备，所以它既可以应用在室内，也可应用于室外。

深度相机的最大特点是可以通过红外结构光或 TOF 原理，直接测出图像中各像素离相机的距离。因此，它能够比传统相机提供更丰富的信息，也不必像单目或双目那样费时费力地计算深度。深度相机主要用于室内 SLAM，室外则较难应用。

双目或多目相机的缺点是配置与标定均较为复杂，其深度量程和精度受双目的基线与分辨率限制，而且视差的计算非常消耗计算资源，需要使用 GPU 和高速数据采集系统（FPGA）加速后，才能实时输出整张图像的距离信息。

2. 视觉 SLAM 的框架

视觉 SLAM 的框架如图 4-16 所示，它由视觉传感器数据、前端视觉里程计、后端非线性优化、回环检测和建图构成。

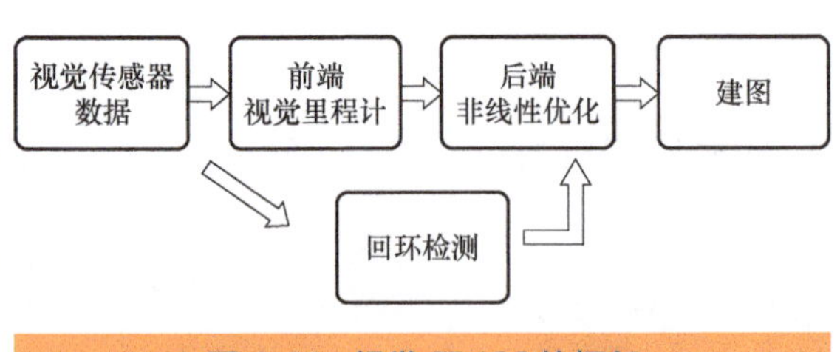

图 4-16 视觉 SLAM 的框架

（1）视觉传感器数据　视觉 SLAM 的主要内容为相机图像信息的读取和预处理。如果在机器人中，还可能有码盘、惯性传感器等信息的读取和同步。

（2）前端视觉里程计　前端视觉里程计的任务是估算相邻图像间相机的运动以及局部地图的样子，最简单的是两张图像之间的运动关系。计算机是通过图像确定相机运动的。在图像上，只能看到一个个的像素，它们是某些空间点在相机的成像平面投影的结果。所以必须先了解相机跟空间点的几何关系。

前端视觉里程计能够通过相邻帧间的图像估计相机运动，并恢复场景的空间结构。被称为里程计是因为它只计算相邻时刻的运动，而和过去的信息没有关联。相邻时刻运动串联起来，就构成了无人驾驶汽车的运动轨迹，从而解决了定位问题。另一方面，根据每一时刻的相机位置，可计算出各像素对应的空间点的位置，就得到了地图。

（3）后端非线性优化　后端非线性优化主要是处理 SLAM 过程中噪声的问题。任何传感器都有噪声，所以，除了要处理“如何从图像中估计出相机运动”，还要关心这个估计带有多大的噪声。

前端给后端提供待优化的数据，以及这些数据的初始值，而后端负责整体的优化过程，得到全局一致的轨迹和地图。它往往面对的只有数据，不必关心这些数据来自哪里。在视觉 SLAM 中，前端和计算机视觉研究领域更为相关，例如图像的特征提取与匹配等，后端则主要是滤波和非线性优化算法。

（4）回环检测　回环检测也可以称为闭环检测，是指无人驾驶汽车识别曾到达场景的能力。如果检测到回环，它会把信息提供给后端进行处理。回环检测实质上是一种检测观测数据相似性的算法。对于视觉 SLAM，多数系统采用目前较为成熟的词袋模型（Bag-of-Words，BoW）。词袋模型把图像中的视觉特征聚类，然后建立词典，进而寻找每个图中含有哪些“单词”。也有研究者使用传统模式识别的方法，把回环检测建构成一个分类问题，训练分类器进行分类。

（5）建图　建图主要是根据估计的轨迹，建立与任务要求对应的地图。地图是对环境的描述，但这个描述并不是固定的，需要视 SLAM 的应用而定。地图的表示主要有 2D 栅格地图、2D 拓扑地图、3D 点云地图和 3D 网格地图，构建地图的种类如图 4-17 所示。

3. 视觉 SLAM 的工作原理

大多数视觉 SLAM 系统的工作方式是通过连续的相机帧，跟踪设置关键点，以三角算法定位其 3D 位置，同时使用此信息来逼近推测相机自己的姿态。简单来说，这些系统的目标是绘制与自身位置相关的环境地图。这个地图可以用于无人驾驶汽车在该环境中的导航。与其他形式的 SLAM 技术不同，只需一个 3D 视觉摄像头，就可以做到这一点。

通过跟踪摄像头视频帧中足够数量的关键点，可以快速了解传感器的方向和周围物理环境的结构。所有视觉 SLAM 系统都在不断地工作，以使重新投影误差或投影点与实际点之间的差异最小化，一般通过一种称为 Bundle Adjustment（BA）的算法解决。视觉 SLAM 系统需要实时操作，这涉及大量的运算，因此位置数据和映射数据经常分别进行运算，但同时进行，

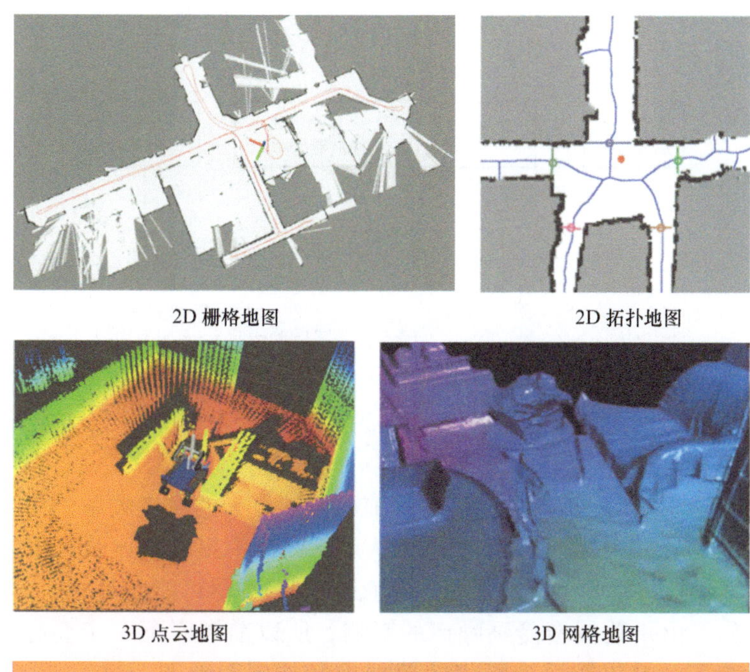

图 4-17 构建地图的种类

便于在最终合并之前加快处理速度。

视觉 SLAM 主要用于 GPS 缺失场景下的长时间定位，例如室内、楼房中；补偿行驶过程中 GPS 信号不稳定造成的定位跳跃，例如山洞、高楼群、野外山区等。

4.6.2 激光 SLAM 技术

激光 SLAM 根据一帧帧连续运动的点云数据，可从中推断出激光雷达自身的运动以及周围环境的情况。激光 SLAM 根据其所用的激光雷达的线束不同可细分为 2D-激光 SLAM 和 3D-激光 SLAM。

1. 激光 SLAM 的特点

激光 SLAM 具有能够准确测量环境中目标点的角度与距离、无须预先布置场景、可融合多传感器、能在光线较差环境中工作、能够生成便于导航的环境地图等特点，成为目前定位方案中不可或缺的新技术。

在 SLAM 过程中，无人驾驶汽车通过激光雷达感知周围环境，并对周围环境进行重建，然后通过观测数据计算无人驾驶汽车当前的位姿，并融合无人驾驶汽车内部里程计、加速度计等传感器推算得到的位姿改变，以此对无人驾驶汽车进行精准的定位。与此同时，SLAM 通过无人驾驶汽车的定位信息以及外部传感器在当前时刻的观测信息，对地图进行增量式更新，再通过建好的地图作为先验信息进行下一步的定位与建图，周而复始。

激光 SLAM 主要分为定位与建图两个部分，主要要解决 3 个基本问题：第一，环境中信息量如此之大，不可能全部拿来用，那么该如何从周围环境中提取出有用的信息，也就是特征提取问题；第二，不同时刻观测到的环境信息之间有什么联系，即数据关联问题；第三，如何来描述周围环境，即地图表示问题。

2. 激光 SLAM 的框架

激光 SLAM 的框架如图 4-18 所示。

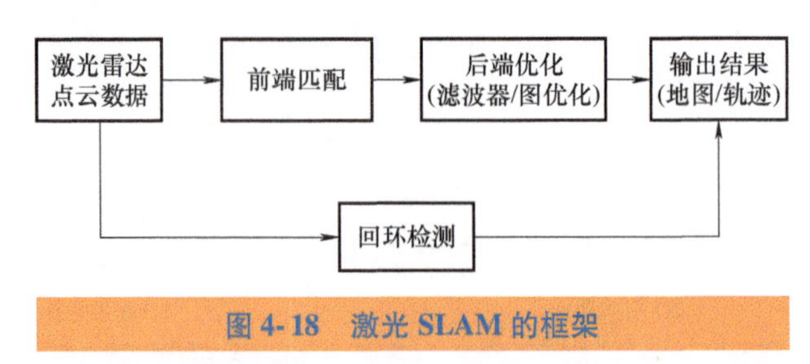

图 4-18 激光 SLAM 的框架

（1）激光雷达点云数据　激光雷达通过发射激光束来测量周围环境中障碍物的对应的角度和距离信息，再通过一定的算法转换为以激光雷达为坐标系的三维坐标点，构成点云数据。

（2）前端匹配　前端匹配实际上就是寻找前后两帧点云的对应关系，在给定无人驾驶汽车移动前后的两组激光测量点数据的条件下，从点云数据中提取出比较有用的信息，并通过迭代运算求得激光雷达的旋转平移参数，使得前后两帧数据尽可能地对准。

（3）后端优化　由于数据会受到噪声的影响，所以前端匹配一定会存在一定的误差，在这些噪声的影响下，希望通过带噪声的数据推断位姿和地图，这构成了一个状态估计问题。过去主要使用滤波器，尤其是扩展卡尔曼滤波器求解它。卡尔曼滤波器关心当前时刻的状态估计，而对之前的状态则不多考虑。近年来普遍使用的非线性优化方法，使用所有时刻采集到的数据进行状态估计，并被认为优于传统的滤波器，成为目前的主流方法。

（4）回环检测　虽然后端能够估计最大后验误差，但只有相邻关键帧数据时，能做的事情并不很多，也无法消除累积误差。但是，回环检测模块能够给出除了相邻帧之外的一些时隔更加久远的约束。当察觉激光雷达经过同一个地方，采集到相似的数据，回环检测就能有效地检测出激光雷达经过同一个地方这件事。如果能够成功地检测这件事，就可以为后端的位姿优化提供更多的有效数据，使之得到更好的估计。

（5）输出结果　上述过程中得到了每帧点云数据以及其对应的位姿，因此就可以将这帧点云拼接到全局地图中，完成地图的更新，输出六自由度位姿和所需格式的地图。

激光 SLAM 的基本原理就是点云拼接。

4.6.3 视觉 SLAM 与激光 SLAM 的区别

1. 成本

激光雷达普遍价格较高，但目前国内也有低成本的激光雷达解决方案，而视觉 SLAM 主要是通过摄像头来采集数据信息，跟激光雷达一对比，摄像头的成本显然要低很多。但激光雷达能更高精度地测出障碍点的角度和距离，方便定位导航。

2. 应用场景

视觉 SLAM 的应用场景要丰富很多。视觉 SLAM 在室内外环境下均能开展工作，但是对光的依赖程度高，在暗处或者一些无纹理区域是无法进行工作的。而激光 SLAM 目前主要被应用在室内，用来进行地图构建和导航工作。

3. 地图精度

激光 SLAM 在构建地图的时候，精度较高，构建的地图精度可达到 2cm 左右；在视觉 SLAM 上的深度摄像机的测距范围在 3~12m 之间，地图构建精度约 3cm。所以激光 SLAM 构建的地图精度一般来说比视觉 SLAM 高，且能直接用于定位导航。

4. 易用性

激光 SLAM 和基于深度相机的视觉 SLAM 均是通过直接获取环境中的点云数据，根据生成的点云数据，测算哪里有障碍物以及障碍物的距离。但是基于单目、双目和鱼眼摄像机的视觉 SLAM，则不能直接获得环境中的点云，而是形成灰色或彩色图像，需要通过不断移动自身的位置，通过提取和匹配特征点，利用三角测距的方法测算出障碍物的距离。

总体来说，激光 SLAM 相对更为成熟，也是目前最为可靠的定位导航方案；而视觉 SLAM 仍是今后研究的一个主流方向，但未来，两者融合是必然趋势。

4.6.4 激光 SLAM 的应用实例

利用激光 SLAM 对无人车进行即时定位与建图，搭载激光 SLAM 的无人车如图 4-19 所示。

图 4-19 搭载激光 SLAM 的无人车

无人车上搭载的传感器是速腾聚创的 16 线激光 SLAM，通过 16 个激光发射组件快速旋转的同时发射高频率激光束对外界环境进行持续性的扫描，经过测距算法提供三维空间点云数据及物体反射率，可以让无人车看到周围的世界。激光雷达垂直方向上视场角为±15°，角分辨率为 2°，水平方向上视场角为 360°，角分辨率为 0.2°，测距范围为 0.2~150m，工作电压为 12V，功耗为 9W，通过百兆以太网输出。

激光 SLAM 的建图效果如图 4-20 所示。

图 4-20 激光 SLAM 的建图效果

4.7 电子地图技术

4.7.1 导航电子地图

1. 导航电子地图的定义

导航电子地图以 GPS 导航设备为依托，融入计算机技术、地理信息系统（GIS）技术、三维（3D）技术，以数字方式存储和查阅，可进行地理信息定位显示、索引、计算、引导，主要用于路径规划和导航。

2. 导航电子地图的作用

1）定位显示。

2）路径规划。

3）路线索引。

4）信息查询。

3. 导航电子地图的数据

1）道路数据。

2）背景数据（点、线、面）。

3）注记数据（注记类型、可见级别）。

4）索引数据（POI、邮编、地点、交叉口）。

为了数据组织的便利性和数据内容的扩展性，对不同的电子地图生产商和产品还要附加一些新的数据内容，例如行政区划和要素名称词典、语音文件等。

4. 导航电子地图的特点

1）支持导航区域的相对无限性，覆盖范围足够广。

2）高精度，多尺寸。

3）以路网为主，合理准确地表达空间关系。

4）支持实时、动态的快速显示。

5）现实性好，更新周期短。

4.7.2 高精度地图

1. 高精度地图的定义

高精度地图就是精度更高、数据维度更多的电子地图。精度更高体现在精确到厘米级别，数据维度更多体现在其包括了除道路信息之外的与交通相关的周围静态信息。

高精度地图将大量的行车辅助信息存储为结构化数据，这些信息可以分为以下两类。

1）道路数据，例如车道线的位置、类型、宽度、坡度和曲率等车道信息。

2）车道周边的固定对象信息，例如交通标志、交通信号灯等信息，车道限高、下水道口、障碍物及其他道路细节，高架物体、防护栏、道路边缘类型、路边地标等基础设施信息。

图 4-21 所示为高精度地图。

高精度地图里的信息都有地理编码，导航系统可以准确定位地形、物体和道路轮廓，从

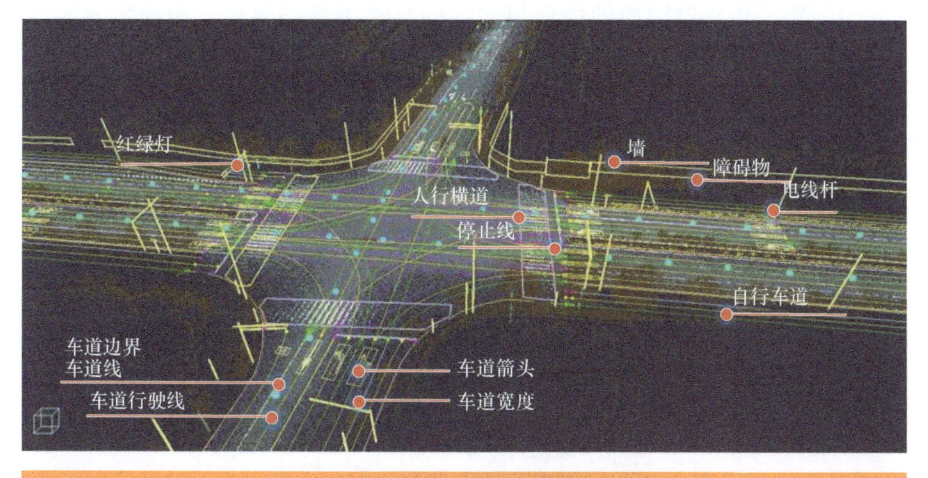

图 4-21 高精度地图

而引导车辆行驶。其中最重要的是对路网精确的三维表征（厘米级精度），例如路面的几何结构、道路标示线的位置、周边道路环境的点云模型等。有了这些高精度的三维表征，自动驾驶系统可以通过比对车载的 GPS、IMU、激光雷达或视觉传感器的数据精确确认自己当前的位置。另外，高精度地图中包含有丰富的语义信息，例如交通信号灯的位置和类型、道路标示线的类型以及哪些路面是可以行驶的等。

2. 高精度地图与导航电子地图的区别

（1）使用对象　导航电子地图的使用者是驾驶人，有显示；高精度地图的使用者是自动驾驶系统，无显示。

（2）精度　导航电子地图的精度在米级别，商用 GPS 精度为 5m；高精度地图的精度在厘米级别，可以达到 10~20cm 级别。

（3）数据维度　导航电子地图数据只记录道路级别的数据：道路形状、坡度、曲率、铺设、方向等；高精度地图不仅增加了车道属性相关（车道线类型、车道宽度等）数据，更有诸如高架物体、防护栏、树、道路边缘类型、路边地标等大量目标数据，能够明确区分车道线类型、路边地标等细节。

（4）功能　导航电子地图起的是辅助驾驶的导航功能；高精度地图通过“高精度、高动态、多维度”数据，起的是为自动驾驶提供自变量和目标函数的功能。

（5）数据的实时性　无人驾驶时代所需的局部动态地图根据更新频率划分可将所有数据划分为 4 类：永久静态数据，更新频率约为 1 个月；半永久静态数据，更新频率为 1h；半动态数据，更新频率为 1min；动态数据，更新频率为 1s。导航电子地图可能只需要前两者；高精地图为了应对各类突发状况，保证自动驾驶的安全实现，需要更多的半动态数据以及动态数据，这大大提升了对数据实时性的要求。

（6）所属系统　导航电子地图属于信息娱乐系统；高精度地图属于车载安全系统。

3. 高精度地图的作用

与驾驶人的驾驶过程一样，自动驾驶也需要经过感知、高精定位、决策、控制 4 个步骤。驾驶人的感知通过眼睛、耳朵，自动驾驶则通过激光雷达、毫米波雷达、摄像头、惯导系统等传感器。驾驶人通过将看到听到的环境信息与记忆中的信息对比，判断出自己的位置和方向，自动驾驶则需要将传感器搜集的信息与储存的高精度地图对比，判断位置和方向。最后驾驶人思考判断后操控汽车开向目的地，自动驾驶通过人工智能算法决策做出车道及路径规划，给制动、转向、加速等控制器下达指令，控制车辆开往目的地。

在自动驾驶过程中，高精度地图起到了高精度定位、辅助环境感知、路径规划等功能，自动驾驶过程中高精度地图的作用如图 4-22 所示。

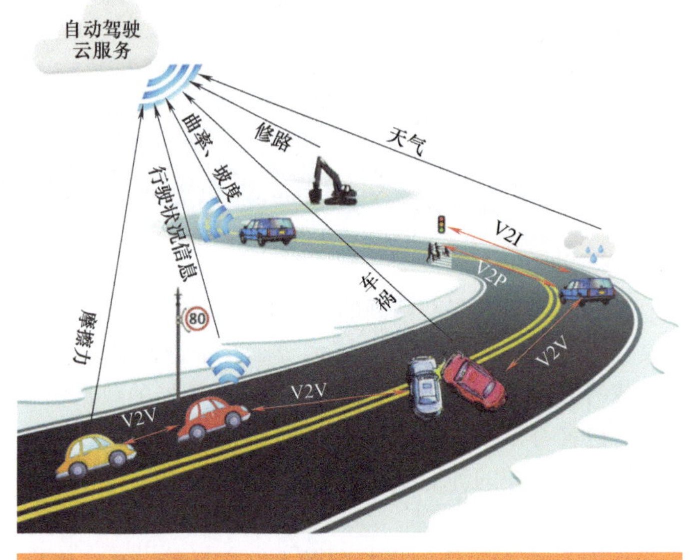

图 4-22　自动驾驶过程中高精度地图的作用

(1) 高精度定位　导航电子地图的匹配依赖于 GPS 定位，定位准确性取决于 GPS 的精度、信号强弱以及定位传感器的误差。高精地图相对于导航电子地图有着更多维度的数据，例如道路形状、坡度、曲率、航向、横坡角等，通过更高维数的数据结合高效率的匹配算法，高精度地图能够实现更高尺度的定位与匹配。利用高精度地图匹配可以将车辆位置精准地定位在车道上，从而提高车辆定位的精度。

(2) 辅助环境感知　高精度地图可以看作是无人驾驶汽车的传感器，对车载传感器无法探测的部分进行补充，进行实时状况的监测及外部信息的反馈。车载传感器有其局限性，例如易受恶劣天气的影响，此时可以使用高精度地图来获取当前位置精准的交通状况。

(3) 路径规划　对于提前规划好的最优路径，由于实时更新的交通信息，最优路径可能也在随时会发生变化。此时高精度地图在云计算的辅助下，能有效地为无人驾驶汽车提供最新的路况，帮助无人驾驶汽车重新制定最优路径。

总之，高精度地图可以解决环境感知中传感器在雨雪、大雾天气里不适用的问题，在规划和决策中对地理数据进行修正，提高准确度，并且大量减少车载传感器的数目，降低整车成本，能加快无人驾驶的商用化。

高精度定位是无人驾驶汽车的核心关键技术。所谓高精度是指定位精度要达到厘米级，任何一种单一方案都不能实现，必须采用组合定位方式。

百度 Apollo 系统使用了激光雷达、载波相位差分（RTK）技术与惯性测量单元（IMU）融合的方案，多种传感器融合加上一个误差状态卡尔曼滤波器，使定位精度可以达到 5～

10cm，且具备高可靠性和鲁棒性，市区允许最高时速超过60km。

练习题

一、名词解释

1. 全球卫星定位系统
2. 差分全球卫星定位系统
3. 载波相位差分
4. 车辆航位推算
5. 惯性导航系统
6. 惯性测量单元
7. SLAM技术
8. 导航电子地图
9. 高精度地图

二、简答题

1. 全球卫星定位系统有哪些特点？
2. 北斗卫星导航系统有哪些特点？
3. 惯性导航系统有哪些作用？
4. 惯性导航系统有哪些特点？
5. 通信基站定位方法有哪些？
6. SLAM技术的作用是什么？
7. 导航电子地图有哪些作用？
8. 高精度地图有哪些作用？

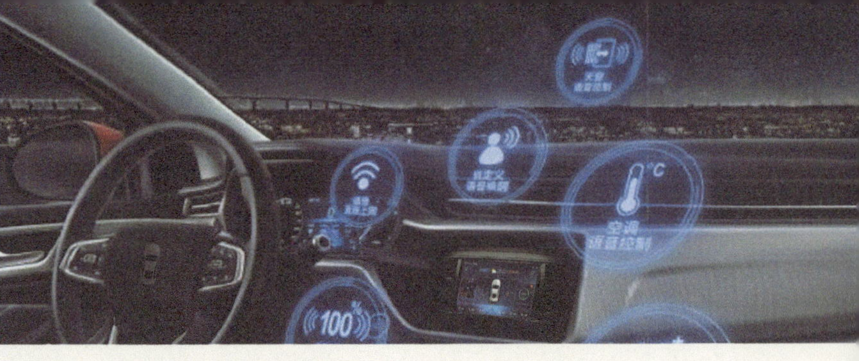

第 5 章

智能网联汽车线控技术

教学目标

通过本章的学习，学生能够掌握汽车线控转向技术、线控制动技术、线控节气门技术的定义、特点、组成与原理等。

教学要求

知 识 要 点	能力与素养要求
汽车线控转向技术	掌握汽车线控转向技术的定义、特点、组成与原理
汽车线控制动技术	掌握汽车线控制动技术的定义、特点、组成与原理；了解汽车线控制动的产品
汽车线控节气门技术	掌握汽车线控节气门技术的定义、特点、组成与原理
汽车线控技术应用实例	了解汽车线控技术的应用，培养自主学习意识

导入案例

图 5-1 所示为舍弗勒公司推出的未来城市交通概念车。在这款概念车上，舍弗勒智能转向驱动模块为 4 个车轮提供驱动力，转向系统采用了机电式“线控转向”方式，通过空间驱动技术实现控制，可以帮助车辆实现 90°的转向角度。此外，考虑到联网功能对自动驾驶城市车辆的重要性，在设计时还考虑了联网的需求，通过位于云端的“数字孪生体”对车辆运行状态数据进行持续分析，来提前确定车辆未来的维修维护需求。

图 5-1　未来城市交通概念车

什么是线控转向技术？还有哪些线控技术？通过对本章知识的学习，读者便可以得到答案。

5.1 汽车线控转向技术

5.1.1 汽车线控转向系统的定义

线控技术就是将传统的汽车机械操纵系统变成通过高速容错通信总线与高性能 CPU 相连的电气系统。目前的线控技术包括线控换档系统、线控制动系统、线控悬架系统、线控增压系统、线控节气门系统及线控转向系统。在自动驾驶汽车上，智能感知单元通过线束将指令传递给转向或制动系统来实现车辆的操控，因此，线控转向和线控制动是最为关键的技术。无论是哪类线控技术，目标都很明确，即为了使汽车结构更简单，质量更小，制造更方便，运行更高效。对于自动驾驶汽车，线控将是一种标配性技术。

汽车转向系统可以根据驾驶人的指令，保持或者改变汽车的行驶方向，其转向特性的好坏是影响汽车操纵稳定性的主要因素。随着科学技术的不断进步，传统转向系统已经由纯机械式转向系统、传统液压助力转向系统、电控液压助力转向系统，发展到当下普遍应用的电动助力转向系统。传统的转向系统受制于自身设计形式和机械连接的限制，传动比固定或者可变范围很小，导致其不能兼顾不同转向盘转角和不同车速下的转向性能，增加了驾驶人的操作负担。随着汽车技术和电子控制技术的发展，线控技术开始应用在智能网联汽车上，线控转向系统应运而生。

线控转向就是把依靠转向管柱连接转向机构来实现转向的传统方式，转换成为通过传感器检测转向盘角度信号，并通过计算机控制伺服电动机来实现驱动转向的转向系统。驾驶人对转向盘的操作仅仅只是在驱动一个转角传感器，并由转向盘电动机提供转动阻尼和回馈，转向盘与前轴转向机构之间没有任何刚性连接，汽车线控转向如图 5-2 所示。

图 5-2 汽车线控转向

5.1.2 汽车线控转向系统的特点

相比于传统转向系统，线控转向系统具有以下特点。

1）线控转向系统采用电子控制单元实现对汽车转向的控制，理论上可以自由设计转向系统的角传递特性和力传递特性，具有传统转向系统不可比拟的性能优点。

2）提高汽车操纵稳定性。线控转向系统不受传统转向系统设计方式的限制，可以设计出符合人们期望的理想传动比。理想传动比可以随着汽车运动状态的变化而变化，根据车速和转向盘转角等参数，通过控制策略给出当下最合适的传动比，从根本上解决了存在已久的“轻”与“灵”的矛盾，减轻了驾驶人的操作负担。同时，线控转向系统还可以实时监控前轮转角和汽车响应情况，并根据控制策略，主动做出补偿操作，提高了汽车操纵稳定性。

3）优化驾驶路感。传统转向系统通过机械连接将车辆运动状态和路面信息反馈给驾驶人，不能主动过滤掉路面干扰因素。线控转向系统可以筛选掉路面颠簸等不利因素的干扰，提取出最能够反映汽车实际行驶状态和路面信息的因素，作为路感模拟的依据，并考虑到驾驶人的习惯，由主控制器控制路感电动机产生良好的路感，提高驾驶人的驾驶体验。

4）节省空间，提高被动安全性。由于原本转向系统中的转向轴和转向管等机械部分被取消掉，增加了驾驶人的活动空间，并方便了车内布置的设计。同时机械部件的减少，降低了转向系统强度，使其在碰撞中更易变形，在汽车发生事故时，减少了转向系统对驾驶人的伤害。

5）提高转向效率，降低能源消耗。线控转向系统不依赖于机械传递，其总线信号的传递速度，缩短了转向响应时间，转向效率提高。同时机械传动减少，传动效率提高，整车质量减小，降低了燃油消耗，更加节能环保。

6）无人驾驶汽车使用线控转向系统，是通过中央计算机收集数据并传输至转向系统，再由转向系统将数据转化为机械转向功能，实现转向。

5.1.3 汽车线控转向系统的组成

汽车线控转向系统结构如图 5-3 所示，其主要由转向盘模块、转向控制模块和转向执行模块组成。

（1）转向盘模块　转向盘模块包括转向盘、转矩传感器、转向角传感器、转矩反馈电动机和机械传动装置。转向盘模块的主要作用是接收驾驶人输入的转向盘转角或者力矩信号，并通过传感器将信号转为电信号传递给转向控制模块，由转向控制模块根据控制策略产生相应的信号传递给转向执行模块；同时转矩反馈电动机根据转向控制模块发出的控制信号，产生相应的回正力矩，给驾驶人提供不同工况下的路感信息。

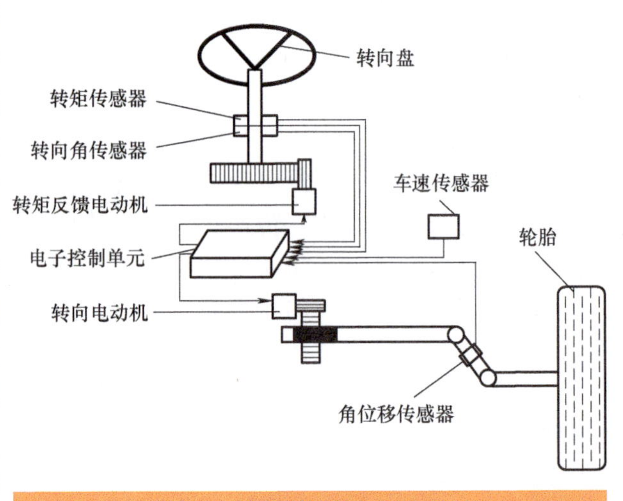

图 5-3　汽车线控转向系统结构

（2）转向控制模块　转向控制模块包括车速传感器和电子控制单元，也可以增加横摆角速度传感器、加速度传感器。转向控制模块是线控转向系统的控制中心和决策中心，是线控转向系统最为核心的部分。它通过采集传感器信号，对驾驶人意图和当前汽车状态进行判断，根据提前设定好的控制策略做出合理决策。转向控制模块一方面控制转向执行模块，保证汽车能够准确实现驾驶人输入的转向指令，并保证汽车的稳定性；另一方面控制转矩反馈电动机，保证其能够给驾驶人提供舒适良好的路感。

（3）转向执行模块　转向执行模块包括角位移传感器、转向电动机、齿轮齿条转向机构和其他机械转向装置等，其功能主要是接收转向控制模块发出的转向指令，并由转向电动机产生合适的转矩和转角，控制车轮转向；同时前轮角位移传感器实时监测前轮转角及其变化，并接收路面信息，将其转换为电信号反馈给转向控制模块，作为路感模拟的输入信号。

除此之外，故障容错系统是线控转向系统不可或缺的重要部分，它时刻监测着线控转向系统各个部分的反馈状态和工作情况，针对不同的故障形式采取不同的处理措施，在部分硬件或软件出现故障时，保证汽车仍具有基本的转向能力。线控转向系统采用严密的故障检测和处理逻辑，以最大限度地提高汽车安全性能。

图 5-4 所示为汽车线控转向系统的实物。

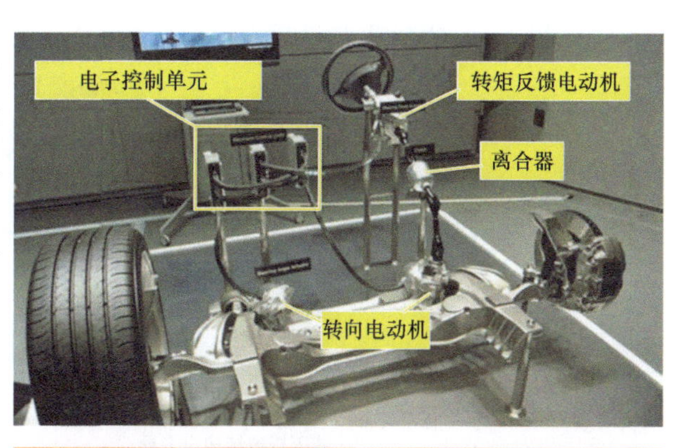

图 5-4 汽车线控转向系统的实物

5.1.4 汽车线控转向系统的原理

汽车线控转向系统的工作原理如图 5-5 所示，驾驶人进行转向操作时，通过转向盘输入转向的角度、转向角速度以及转向力矩，转向盘模块中的传感器采集一系列信号并传递到转向控制模块，转向控制模块处理这些信号并根据自身车辆的速度以及其他信号进行传动比的计算，给出所需的前轮转角，然后控制转向执行模块的转向电动机带动前轮转到目标转角，实现转向意图。与此同时，转向控制模块根据车辆的前轮转角信号、一系列轮胎力信号以及驾驶人意图通过路感模拟决策发出指令控制转矩反馈电动机输出力矩反馈路面情况。

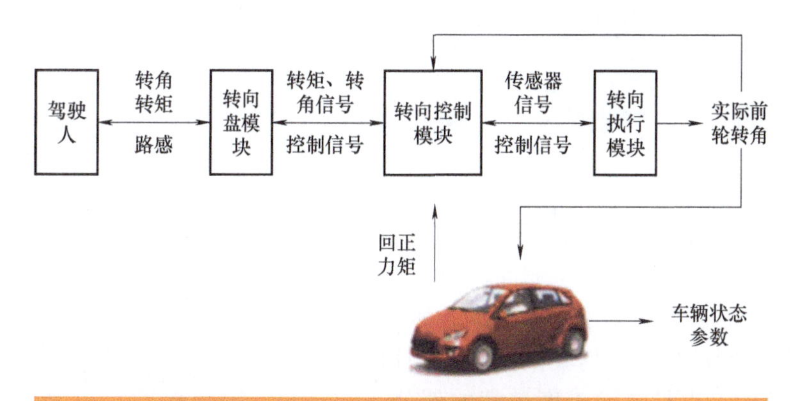

图 5-5 汽车线控转向系统的工作原理

5.2 汽车线控制动技术

5.2.1 汽车线控制动系统的定义

汽车制动技术的发展历程主要是摩擦片制动、鼓式和盘式制动器、机械和电子 ABS 制动、线控制动系统，如图 5-6 所示。

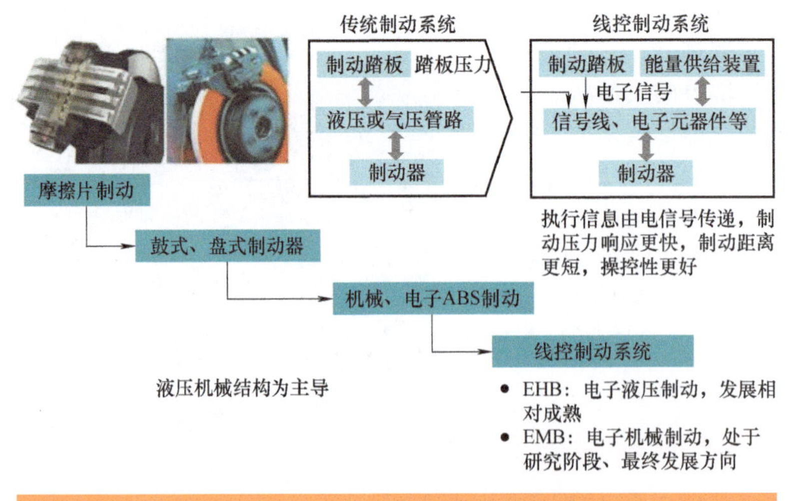

图 5-6　汽车制动技术的发展历程

如果制动踏板仅仅只连接一个制动踏板位置传感器，踏板与制动系统之间没有任何刚性连接或液压连接，都可以视为线控制动，线控制动（BBW）系统如图 5-7 所示。

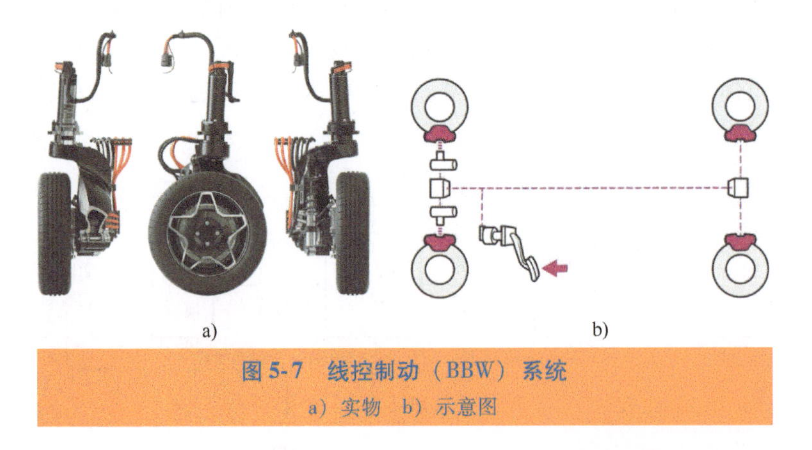

图 5-7　线控制动（BBW）系统
a）实物　b）示意图

自动驾驶时代的逼近推动了线控制动技术的进一步发展。线控制动是自动驾驶汽车“控制执行层”中最关键的，也是技术难度最高的部分。由于技术发展程度的局限，目前出现了两种形式的线控制动系统：电子液压制动（EHB）系统和电子机械制动（EMB）系统，线控制动系的类型如图 5-8 所示。

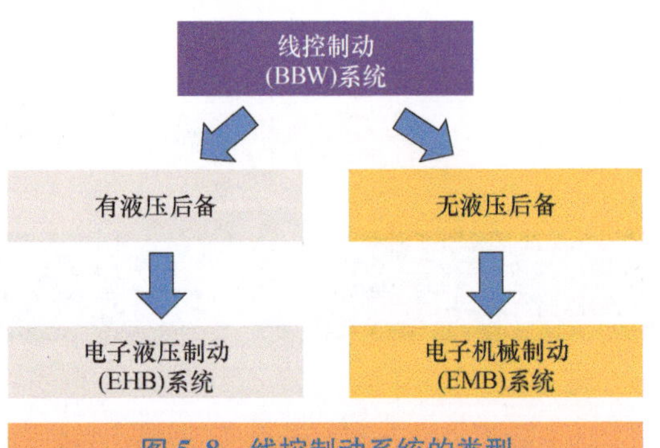

图 5-8　线控制动系统的类型

5.2.2　汽车线控制动系统的特点

（1）汽车线控制动系统的优点

1）线控制动系统的制动踏板与制动执行机构解偶，可以降低部件的复杂性，减少液压与机械控制装置，减少杠杆、轴承等金属连接件，减小质量，降低油耗和制造成本。

2）线控制动系统具有精确的制动力调节能力，是电动汽车摩擦与回馈偶合制动系统的理想选择。

3）基于线控制动系统，不仅可以实现更高品质的ABS/ESC/EPB等高级安全功能控制，而且可以满足先进汽车智能系统对自适应巡航、自动紧急制动、自动泊车、自动无人驾驶等的要求。

由于EHB以液压为制动能量源，液压的产生和电控化相对来说比较困难，不容易做到和其他电控系统的整合，而且液压系统的重量对轻量化不利。因此未来可能成为主流的线控制动系统将是EMB，但EMB技术在汽车上的应用并不成熟，短期内难以量产。

（2）EMB的优点

1）执行机构和制动踏板之间无机械或液压连接，缩短了制动器的作用时间，作用时间在100ms以内，能有效减小制动距离。

2）不需要助力器，减少空间，布置灵活。

3）没有液压系统，系统质量小且环保。

4）在ABS模式下无回弹振动，可以消除噪声。

5）便于集成电子驻车、防抱死、制动力分配等附加功能。

（3）EMB的缺点

1）无液压备用制动系统，对可靠性要求极高，包括稳定的电源系统、更高的总线通信容错能力和电子电路的抗干扰能力。

2）制动力不足。因轮毂处布置体积决定制动电动机不可能太大，需开发配备较高电压（42V）系统以提高电动机功率。

3）工作环境恶劣，特别是高温。因部件振动大，且制动温度达几百摄氏度，制约了现有EMB零部件的设计。

由于缺乏足够的技术支持，目前市场上并没有批量装车的EMB产品。

5.2.3 汽车线控制动系统的组成与原理

线控制动系统将原有的制动踏板用一个模拟发生器替代，用以接收驾驶人的制动意图，产生、传递制动信号给控制和执行机构，并根据一定的算法模拟反馈给驾驶人，其基本工作原理如图5-9所示。

但EHB和EMB在传力路径上又有很大不同，工作原理和特性也有差别。

1. 电子液压制动（EHB）系统

典型的EHB系统由制动踏板传感器、电子控制单元（ECU）、执行器机构（液压泵、备用阀和制动器）等组成，EHB系统的组成与原理如图5-10所示。

正常工作时，制动踏板与制动器之间的液压连接断开，备用阀处于关闭状态。制动踏板配有踏板感觉模拟器和电子传感器，ECU可以通过传感器信号判断驾驶人的制动意图，并通过电动机驱动液压泵进行制动。电子系统发生故障时，备用阀打开，EHB系统变为传统的液压系统。

EHB系统由于具有冗余系统，安全性在用户的可接受性方面更具优势，且此类型产品成熟度高，目前各大供应商都在推行其开发的产品，例如博世公司的iBooster、大陆公司的MK C1、采埃孚公司的IBC等。

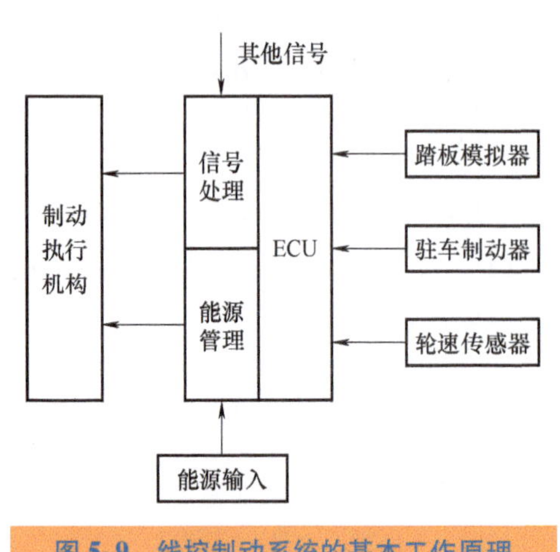

图 5-9　线控制动系统的基本工作原理

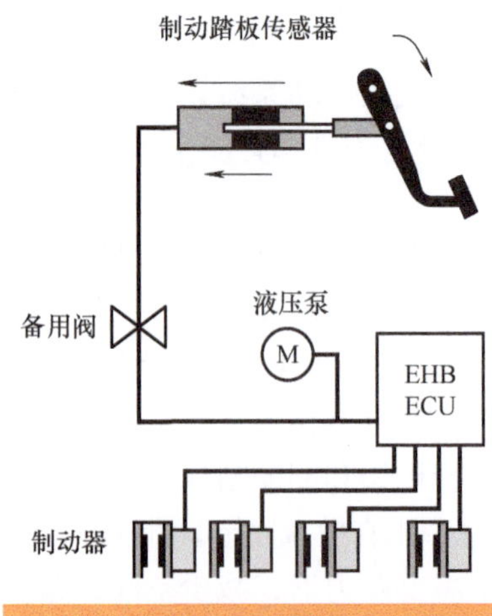

图 5-10　EHB 系统的组成与原理

备用系统增加了制动系统的安全性，使车辆在线控制动系统失效时还可以进行制动，但是由于备用系统中仍然包含复杂的制动液传输管路，使得 EHB 系统并不完全包含线控制动系统产品的优点。EHB 系统也因此被视为 BBW 系统的先期产品。

2. 电子机械制动（EMB）系统

EHB 系统虽然实现了线控制动功能，但是并没有完全移除液压系统。

在 EMB 系统中，所有的液压装置，包括主缸、液压管路、助力装置等均被电子机械系统替代，液压盘和鼓式制动器的调节器也被电动机驱动装置取代，是名副其实的线控制动系统。EMB 系统的组成与原理如图 5-11 所示，EMB 系统的 ECU 通过制动踏板传感器信号以及车速等车辆状态信号，驱动和控制执行机构的电动机来产生所需的制动力。

制动踏板
传感器
EMB ECU
车轮
制动
模块

图 5-11　EMB 系统的组成与原理

5.2.4　汽车线控制动系统的产品

1. 博世公司的线控制动产品

德国博世公司于 2013 年正式推出线控制动产品 iBooster，它是典型的直接型 EHB，大众目前所有新能源汽车均使用 iBooster（图 5-12）。图 5-12a 是第 1 代产品，完成度不高，在国内没有使用；图 5-12b 是第 2 代产品，从二级蜗轮蜗杆改用一级齿轮丝杠减速，体积大幅度缩小，控制精度有所提高。第 2 代 iBooster 有 4 个系列产品，助力大小在 4.5~8kN 之间，8kN 可以用在 9 座小型客车上。本田在传统燃油汽车上配备了第 2 代 iBooster，由于能量回收时电流突然增大，iBooster 容易出现保护，这时候 ESP 介入，但会给人短暂的制动失灵的感觉。

iBooster 的工作原理如图 5-13 所示，它采用齿轮-梯形丝杠减速增矩机构，将电动机的转动转化为制动总泵活塞的平动，建立制动压力。制动踏板推杆与执行机构总泵活塞推杆之间通过间隙的方式进行一定程度的解耦。

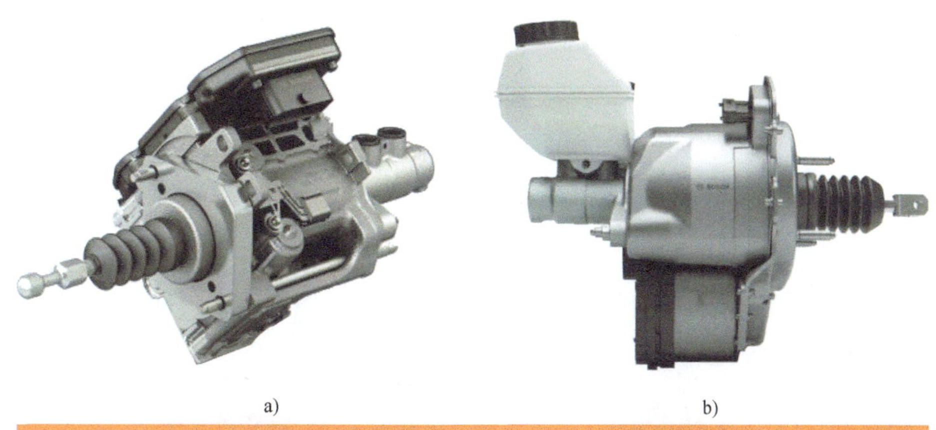
a) b)

图5-12 博世公司的线控制动产品iBooster
a）第1代产品 b）第2代产品

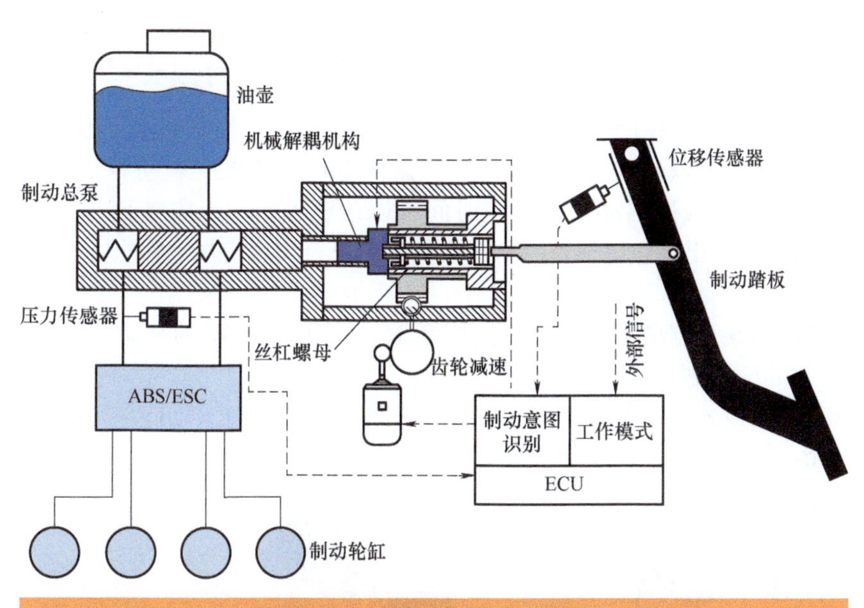

图5-13 iBooster的工作原理

iBooster通常与ESP配套使用，ESP在iBooster失效时顶替。不过因为ESP也是一套电液压系统，也有可能失效，且ESP在设计之初只是为AEB类紧急制动场景设计的，不能做常规制动。所以博世在第2代iBooster推出后，着手针对L3和L4级自动驾驶设计了一套线控制动系统IPB（Integrated Power Brake）（图5-14），就是iBooster和ESP合二为一，体积大大缩小，重量也降低不少，最重要的是相对iBooster成本大大降低。

应用博世公司线控制动产品的车型主要有特斯拉全系、大众全部新能源汽车、保时捷918、凯迪拉克CT6、雪佛兰的Bolt和Volt、本田CR-V、法拉第未来FF91、荣威Ei5、比亚迪e6、蔚来ES8等。

2. 布雷博公司的线控制动产品

意大利著名的高性能制动系统及部件厂商布雷博（Brembo）表示，线控制动系统将成为智能汽车不可或缺的一部分。图 5- 15 所示为布雷博的线控制动系统模型。

图 5- 14　博世公司的线控制动产品 IPB

图 5- 15　布雷博的线控制动系统模型

相比液压制动系统，线控制动不仅可以降低重量，响应也更加敏捷，还能根据驾驶模式灵活调整制动踏板的感觉以及响应速度，能有效解决电动汽车再生制动和摩擦制动间的切换问题。由 Brembo 研发的线控制动系统响应时间可以达到 100ms 以内（而传统制动系统需要 300~500ms），可以打造出响应更加及时的自主制动，符合当今市场的需求。

3. 大陆集团的线控制动产品

德国大陆集团的线控制动系统 MK C1（图 5- 16）可实现 100%的制动能量回收。

4. 采埃孚公司的线控制动产品

采埃孚公司的集成式制动控制系统（IBC）（图 5- 17）将全电子制动控制系统和再生系统功能集成于单个一体化单元中，这是一款能够实现无真空支持的助力制动系统。

图 5- 16　德国大陆集团的线控制动系统 MK C1

图 5- 17　采埃孚公司的集成式制动控制系统（IBC）

5.3 汽车线控节气门技术

5.3.1 汽车线控节气门的定义

在化油器时代，汽车上的节气门主要是通过杠杆或者节气门拉索直接控制发动机的节气门开度，属于机械节气门控制，如图5-18所示。节气门是发动机进气总管上的一个阀门，它控制空气的进入，节气门打开越大，发动机进入的空气越多。

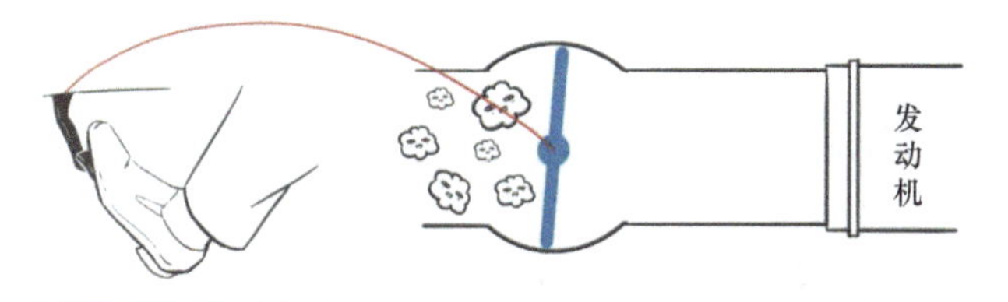

图5-18 机械节气门控制

“加油门”就是使得节气门开度变大，让进入气缸的空气流量增加，喷油器在空气流的带动下喷油，节气门开度增大，供油量就会增加，发动机转速提高，反之，则转速下降。机械节气门系统结构如图5-19所示。

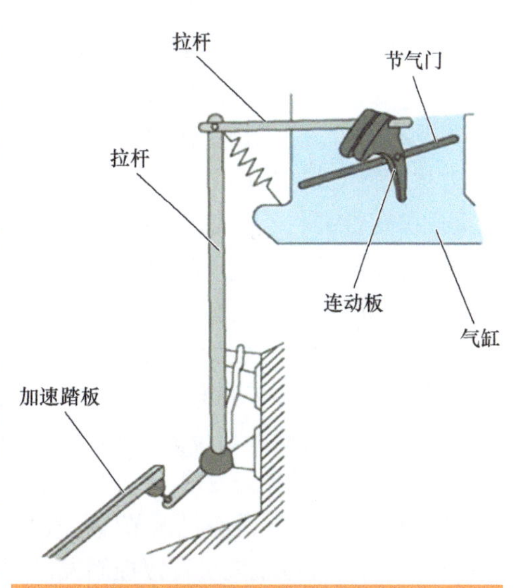

图5-19 机械节气门系统结构

机械节气门的控制方式简单粗暴，在机械参数（即杠杆比）设定好的情况下，加速踏板踩下多少，节气门就打开多少，响应速度非常快。但是，在日常驾驶时会遇到一些新手或驾驶不熟练的人由于操作不当，或者有些过于激进的驾驶人，会将加速踏板突然踩到底的情况。这时节气门突然打开，发动机进入最大负荷状态，全负荷会造成发动机燃烧不充分，同时喷油器也会加大喷油，造成燃油的浪费；同时，发动机的负荷增大，缩短了发动机的使用寿命。

尽管这种操作不仅不利于燃油经济性，而且对于发动机会带来伤害，也不利于环保。但是，拉索节气门的车辆，ECU无法对节气阀进行控制，只能默认这种操作，最多会在喷油方面略做调整，无法解决根本问题。于是，在多种需求之下，线控节气门（电子节气门）应运而生。

线控节气门通过用线束（导线）来代替拉索或者拉杆，在节气门那边装一只微型电动机，用电动机来驱动节气门开度。一般而言，增减“油门”就是指通过加速踏板改变发动机节气门开度，从而控制可燃混合气的流量，改变发动机的转速和功率，以适应汽车行驶的需要。线控节气门的主要功能是把驾驶人踩下加速踏板的角度转换成与其成正比的电压信号，同时把加速踏板的各种特殊位置制成接触开关，把怠速、高负荷、加减速等发动机工况变成电脉冲信号输送给电控发动机的控制器 ECU，以达到供油、喷油与变速等的优化自动控制。图 5-20 所示为博世公司的线控节气门系统，也称为智能联网加速踏板。

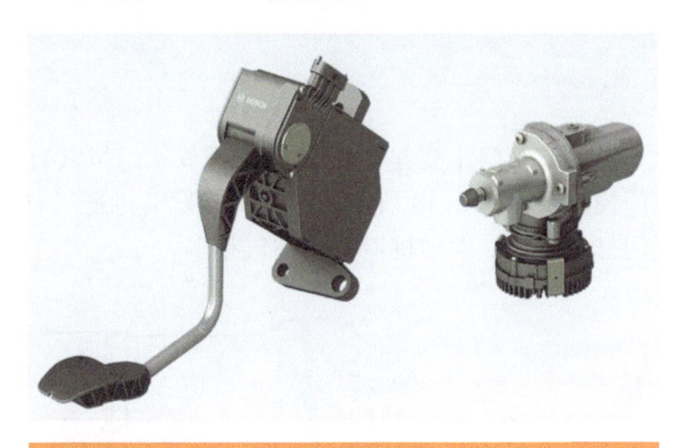

图 5-20 博世公司的线控节气门系统

5.3.2 汽车线控节气门的特点

(1) 汽车线控节气门的优点

1) 舒适性和经济性好。线控节气门可根据驾驶人踩下踏板的动作幅度判断驾驶人意图，综合车况精确合理控制节气门开度，以实现不同负荷和工况下发动机的空燃比都能接近于最佳理论状态——14.7:1，使燃油经济性和驾驶舒适性同时达到最佳状态。

2) 稳定性高且不易熄火。线控节气门系统在收到踏板信号后会进行分析判断再给节气门执行单元发送合适指令，保证车辆稳定行驶。

(2) 汽车线控节气门的缺点

1) 工作原理相对较为复杂，成本提高。相比机械节气门，在硬件上，线控节气门需要添加加速踏板位置位移传感器和伺服电动机以及其驱动器和执行机构，并且增加 ECU 接线；在软件上，需要开发能分析位置传感器信号且能综合车况给出最优控制指令的算法，并且集成在车载 ECU 上，增加开发成本。

2) 有延迟效果，没有机械节气门反应快。在装有线控节气门系统的汽车中，驾驶人不能直接控制节气门开度也就无法直接控制发动机动力大小，而是需要经由 ECU 分析给出汽车舒适性较好、较为省油的节气门控制指令，所以相对于直接控制式的机械节气门会有稍许延迟感。

3) 可靠性不如机械节气门好。汽车行驶中会遇到各种车况，并且汽车内部存在高频电磁干扰（如电动机和点火线圈会产生电磁干扰），电子器件可能会在这些工况下发生故障或松动；复杂的分析处理算法也可能会导致程序跑飞等故障情况出现，而驾驶人又无法直接控制发动机的动力大小，一旦这种情况发生将产生不可预知的后果。

5.3.3 汽车线控节气门系统的组成与原理

1. 燃油汽车和混合动力汽车线控节气门系统

线控节气门容易识别驾驶人的不合理操作。当 ECU 识别出驾驶人的不合理做法时，会发出指令让节气门以预先设置的速度打开，而不是与驾驶人踩下踏板的速度同步。这样做除了能保护发动机，提高燃油经济性以外，还会使驾驶人感到非常平顺没有冲击的感觉，提高了乘坐人员的舒适性。

燃油汽车和混合动力汽车线控节气门系统的组成如图5-21所示。

燃油汽车和混合动力汽车线控节气门系统主要由加速踏板、踏板位移传感器、电子控制单元（ECU）、数据总线、伺服电动机和节气门执行机构组成。位移传感器安装在加速踏板内部，随时监测加速踏板的位置。当监测到加速踏板高度位置有变化时，会瞬间将此信息送往ECU，ECU对该信息和其他系统传来的数据信息（车速、车距、节气门开度、发动机转速等）进行运算处理，计算出一个控制信号，通过电路送到伺服电动机，伺服电动机驱动节气门执行机构，数据总线则是负责系统ECU与其他ECU之间的通信。当节气门开度越大，ECU计算的喷油量也就越大，发动机转速会上升，反之下降。

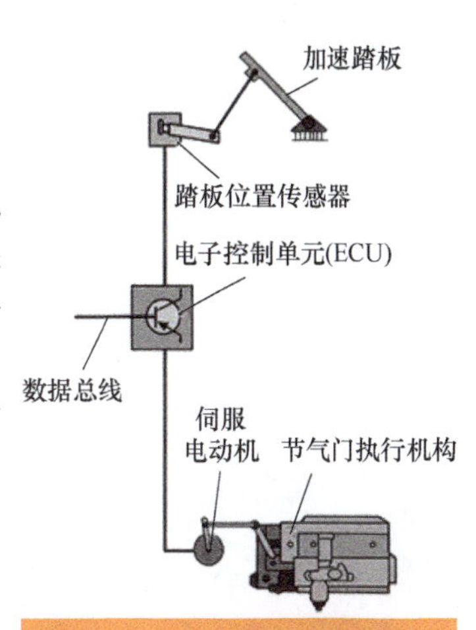

图5-21 燃油汽车和混合动力汽车线控节气门系统的组成

2. 纯电动汽车的线控“油门”

纯电动汽车没有发动机，只有电源系统作为动力系统，这时“油门”控制的是电动机的转矩，它和整车控制器、电机控制器等一同实现车辆的加速。

在电动汽车上使用的线控“油门”还具有制动能量回收功能，当驾驶人减小踏板力时，系统认为驾驶人具有减速的需求，这时候通过ECU发送指令，在没有踩踏制动踏板的情况下，车辆实现制动能量回收，这个功能称为“单踏板”。

“单踏板”就是一种集成了加速和制动功能的踏板，以控制车辆的加、减速。其工作原理是：一旦松开加速踏板，再生制动系统就会介入工作，通过回收动能降低车速；即它可以依靠单个踏板实现汽车的起步、加速、稳态、减速和停车全过程并在减过程中同时实现能量回收，改变了传统的加、减速双踏板布置形式。

“单踏板驾驶模式”并不是只有一个踏板，其踏板系统由一个“主踏板”和一个“辅助减速踏板”组成，其中“主踏板”可以实现的加减速能力，可以满足日常的大部分车辆操作；“辅助减速踏板”是在“主踏板”制动减速度不能满足驾驶人意图时的紧急制动踏板。其中，“主踏板”分为3个主要控制行程，即加速行程、减速行程和恒速行程。加速行程是驾驶人踩下踏板的过程，随着踏板深度的增加，输出驱动转矩随之增大；减速行程是驾驶人松开主踏板的过程，随着踏板深度的减少，输出转矩由正转矩到负转矩变化；恒速行程是驾驶人松开踏板到某一开度区间内，电动机输出转矩为零或是刚好与外界阻力相平衡的阶段。

“单踏板”的优点是可以降低驾驶人的劳动强度，避免在常规加减速工况中频繁切换踏板，提高舒适性；提高操作效率和能量回收效率，使得驾驶变得越来越简单，越来越智能。

“单踏板”的缺点是可能不会减少安全隐患反而增加安全隐患，因为在当前模式下，不管是手动档还是自动档，不管是燃油汽车、混动汽车还是绝大多数的纯电动汽车的制动都是往下踩的，突然换成单踏板模式，遇到紧急情况时很容易习惯性地往下踩，即使意识到了，也有可能一时反应不过来，这样反而大大增加了行车的安全隐患。

宝马i3、雪佛兰Bolt EV、特斯拉Model X、长安EV460、名爵EZS和日产Leaf等电动汽车都采用“单踏板”（图5-22）。

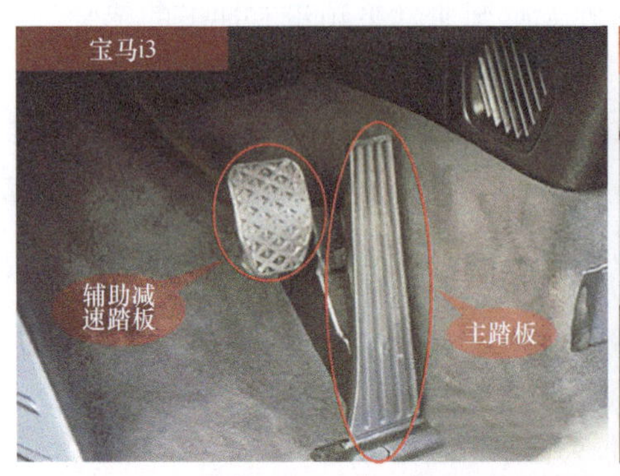

图 5-22 电动汽车的“单踏板”

5.4 汽车线控技术的应用实例

汽车线控技术的核心是线控制动和线控转向，但还没有完全市场化，主要出现在少数概念车型上。

日产汽车公司发布的英菲尼迪 Q50 是全球范围内第一款批量生产的线控转向系统汽车，促进了线控转向技术在实车应用上的发展。英菲尼迪的线控转向系统如图 5-23 所示。该车从转向盘到转向齿条均采用直接数字信号输入，整个系统中没有转向节等可能造成“转向延迟”的机械部件，它通过 3 组 ECU 的信号处理，对驾驶人的驾驶意图快速做出判断，实现更灵活的转向，驾驶的感受更加直接，转向盘也不会接收到来自地面对前轮的冲击。

图 5-23 英菲尼迪的线控转向系统

沃尔沃全新 S60 采用了线控制动这项新科技，它将传统的真空助力器单元替换成效率更高、重量更轻的电子单元，有效降低了燃油消耗和排放，有效提高了燃油经济性（图 5-24）。沃尔沃全新 S60 配备了车道偏离预警系统、车道保持辅助系统、自适应巡航控制系统、驾驶人疲劳预警系统、胎压监测系统、上坡辅助系统等。

线控技术满足汽车“新四化”的需求，已成为行业公认的智能网联汽车未来的主流配置。智能网联汽车底盘的发展趋势是采用线控底盘，汽车线控底盘如图 5-25 所示。

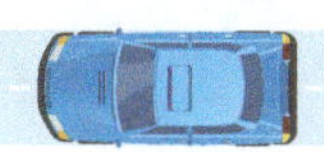

图 5-24 搭载线控制动系统的沃尔沃全新 S60

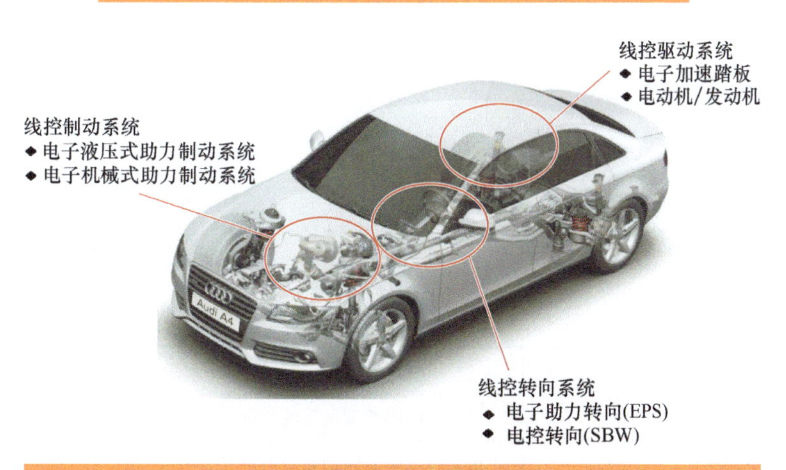

图 5-25 汽车线控底盘

练习题

一、名词解释

1. 线控转向　　2. 线控制动　　3. 线控节气门

二、简答题

1. 汽车线控转向系统有哪些特点?
2. 汽车线控转向系统由哪几部分组成?
3. 汽车线控制动系统有哪几种类型?
4. 汽车线控制动系统有哪些优点?
5. 汽车线控节气门有哪些特点?
6. 燃油汽车和电动汽车的线控“油门”有什么不同?

第6章 智能网联汽车先进驾驶辅助技术

教学目标

通过本章的学习，学生能够掌握智能网联汽车主要先进驾驶辅助系统的定义、组成与原理，了解它们的应用。

教学要求

知识要点	能力与素养要求
前向碰撞预警系统	掌握前向碰撞预警系统的定义、组成与原理
自动紧急制动系统	掌握自动紧急制动系统的定义、组成与原理
车道偏离预警系统	掌握车道偏离预警系统的定义、组成与原理
车道保持辅助系统	掌握车道保持辅助系统的定义、组成与原理
盲区监测系统	掌握盲区监测系统的定义、组成与原理
自适应巡航控制系统	掌握自适应巡航控制系统的定义、组成与原理
智能泊车辅助系统	掌握智能泊车辅助系统的定义、组成与原理
智能座舱系统	了解智能座舱系统中的抬头显示系统、夜视系统、驾驶人疲劳预警系统、人机交互技术
其他先进驾驶辅助系统	了解其他先进驾驶辅助系统
先进驾驶辅助系统的应用实例	了解典型汽车的先进驾驶辅助系统的应用，培养自主学习意识

导入案例

随着汽车保有量的增加，如何降低交通事故发生率和事故死亡率已成为迫切需要解决的问题。解决该问题最有效的办法之一就是配置先进驾驶辅助系统，提高汽车行驶安全性，最大限度降低事故发生率和事故死亡率。图6-1所示为自适应巡航控制系统。

智能网联汽车先进驾驶辅助系统有哪些？通过对本章知识的学习，读者可以得到答案。

图 6-1　自适应巡航控制系统

6.1 前向碰撞预警系统

6.1.1 前向碰撞预警系统的定义

前向碰撞预警（FCW）系统能够实时监测车辆前方行驶环境，并在可能发生前向碰撞危险时发出警告信息。FCW 系统主要是利用车载传感器（如视觉传感器、毫米波雷达等）实时监测前方车辆，判断自车与前车之间的距离、相对速度及方位，当系统判断存在潜在危险时，将对驾驶人进行警告，提醒驾驶人进行制动，保障行车安全，基于车载传感器的前向碰撞预警系统如图 6-2 所示。FCW 系统本身不会采取任何制动措施去避免碰撞或控制车辆。当车速达到设定车速时，FCW 系统自动启动。

图 6-2　基于车载传感器的前向碰撞预警系统

警告方式主要有声音、指示灯闪烁、转向盘振动和安全带收紧等。

车载传感器适用于近距离检测，但不能检测较远距离或非视距内的车辆，同时受恶劣天气影响较大，未来前向碰撞预警将采用车载传感器与 V2X 通信相结合的方式。

利用 V2X 通信技术及时在运行车辆之间交换信息和及时获取周围环境路况和车辆信息，经过碰撞预警算法判断是否存在碰撞危险，并根据危险级别提前警告，从而让驾驶人及时采取避撞措施，提高道路安全。基于 V2X 通信技术的前向碰撞预警系统如图 6-3 所示。V2X 通信技术具有通信距离长、不受天气或亮度变化的影响的优点。

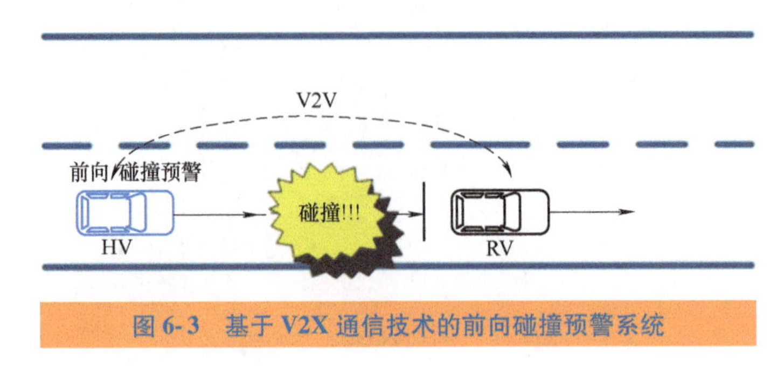

图 6-3　基于 V2X 通信技术的前向碰撞预警系统

6.1.2　前向碰撞预警系统的组成

前向碰撞预警系统由信息采集、电子控制和人机交互 3 个单元组成，如图 6-4 所示。

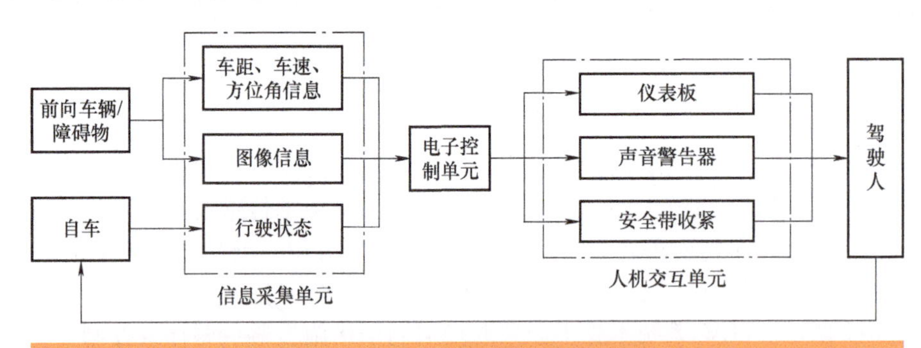

图 6-4　前向碰撞预警系统的组成

（1）信息采集单元　信息采集单元主要利用毫米波雷达采集前向车辆或障碍物的车距、车速和方位角信息，利用视觉传感器采集前向车辆或者障碍物的图像信息，利用自车（配有前向碰撞预警系统的车辆）的车速传感器和加速度传感器采集自车速度和加速度等信息。

（2）电子控制单元　电子控制单元主要对前向车辆或障碍物的图像信息和车距、车速等信息进行信息融合，确定障碍物的类型和距离，结合自车行驶状态信息，采用一定的决策算法，评估是否存在潜在的碰撞风险，若存在，则向人机交互单元发出预警指令。

（3）人机交互单元　人机交互单元主要接收由电子控制单元传来的指令，根据预警程度或级别的定义，进行相应预警信息的发布，例如在仪表板或抬头显示区域显示预警信息或闪烁预警图标、发出警告声音和收紧安全带等，提醒驾驶人采取措施进行规避。驾驶人接收预警信息并对自车采取制动行为后，若碰撞风险消失，则碰撞警告取消。

6.1.3　前向碰撞预警系统的原理

前向碰撞预警系统通过分析传感器获取的前方道路信息对前方车辆进行识别和跟踪，如果有车辆被识别出来，则对前方车距进行测量；同时利用车速估计，根据安全车距预警模型判断追尾可能，一旦存在追尾危险，便根据预警规则及时给予驾驶人主动预警。

图6-5所示为车辆前向碰撞预警系统的工作原理。

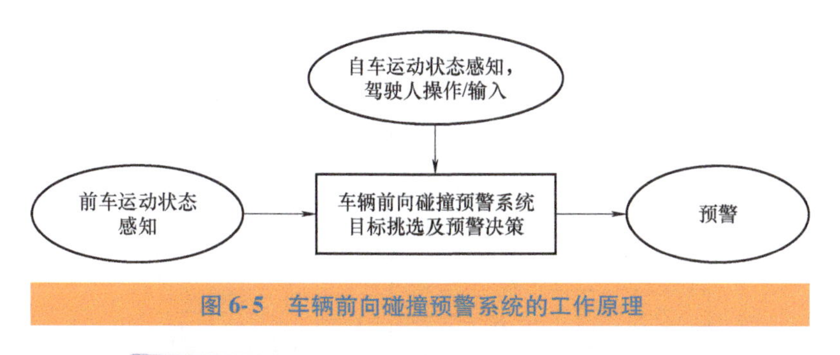

图6-5 车辆前向碰撞预警系统的工作原理

6.2 自动紧急制动系统

6.2.1 自动紧急制动系统的定义

自动紧急制动（AEB）系统是指实时监测车辆前方行驶环境，并在可能发生碰撞危险时自动启动车辆制动系统使车辆减速，以避免碰撞或减轻碰撞的系统。它是基于环境感知传感器（如毫米波雷达或视觉传感器）感知前方可能与车辆、行人或其他交通参与者发生碰撞风险时，通过系统自动触发执行机构来实施制动，以避免碰撞或减轻碰撞程度的先进驾驶辅助系统，自动紧急制动系统如图6-6所示。

图6-6 自动紧急制动系统

AEB不仅包含紧急制动功能，还包含前向碰撞预警（FCW）功能以及紧急制动辅助（EBA）功能。目前，市场上的AEB功能无论从名称或技术实现形式上都分许多类型。

6.2.2 自动紧急制动系统的组成

自动紧急制动系统主要由行车环境信息采集单元、电子控制单元和执行单元等组成，如图6-7所示。

（1）行车环境信息采集单元　行车环境信息采集单元由测距传感器、车速传感器、加速踏板传感器、制动传感器、转向传感器、路面选择按钮等组成，对行车环境进行实时检测，得到相关行车信息。测距传感器用来检测自车与前方目标的相对距离以及相对速度，目前，AEB常见的测距技术主要利用毫米波雷达、视觉传感器以及两者的融合；车速传感器用来检测自车的速度；加速踏板传感器用来检测驾驶人在收到系统提醒警告后是否及时松开加速踏板，对自车实行减速措施；制动传感器用来检测驾驶人是否踩下制动踏板，对自车实行制动措施；转向传感器用来检测车辆目前是否正处于弯道路面行驶或超车状态，系统凭此来判断是否需要进行警告抑制；路面选择按钮是为了方便驾驶人对路面状况信息进行选择，从而方

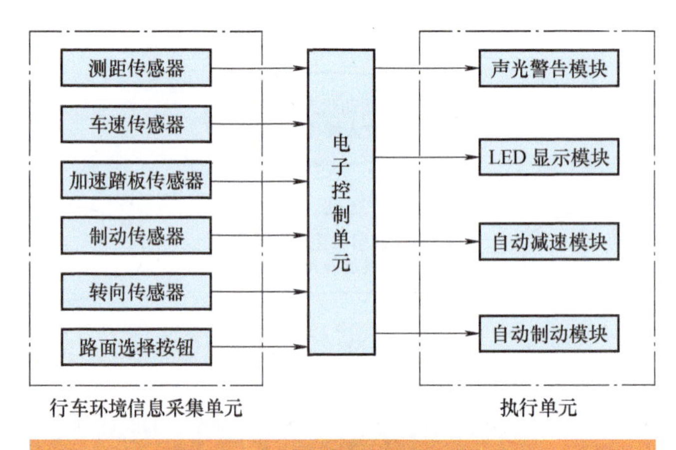

图 6-7 自动紧急制动系统的组成

便系统对警告距离的计算。需要采集的信息因系统不同而不同。所有采集到的信息都将被送往电子控制单元。

（2）电子控制单元 电子控制单元接收行车环境信息采集单元的检测信号后，综合收集到的数据信息，依照一定的算法程序对车辆行驶状况进行分析计算，判断车辆所适用的预警状态模型，同时对执行单元发出控制指令。

（3）执行单元 执行单元可以由多个模块组成，例如声光警告模块、LED 显示模块、自动减速模块和自动制动模块等，根据系统不同而不同。它用来接收电子控制单元发出的指令，并执行相应的动作，达到预期的预警效果，实现相应的车辆制动功能。当系统检测到存在危险状况时，首先进行声光警告，提醒驾驶人；当系统发出提醒警告之后，如果驾驶人没有松开加速踏板，则系统会发出自动减速控制指令；在减速之后系统检测到危险仍然存在时，说明目前车辆行驶处于极度危险的状况，需要对车辆实施自动强制制动。

6.2.3 自动紧急制动系统的原理

汽车 AEB 系统采用测距传感器测出与前车或障碍物的距离，然后利用电子控制单元将测出的距离与警告距离、安全距离等进行比较，小于警告距离时就进行警告提示，而小于安全距离时，即使在驾驶人没来得及踩制动踏板的情况下，AEB 系统也会启动，使汽车自动制动，从而为安全出行保驾护航。

图 6-8 所示为 AEB 系统的工作过程。AEB 系统从传感器探测到前方车辆（目标车）开始，持续监测与前车之间的距离以及前车的车速，同时从总线获取自车的车速信息，通过简单的运算，结合对普通驾驶人反应能力的研究，判断当前形势并做出合适的应对。

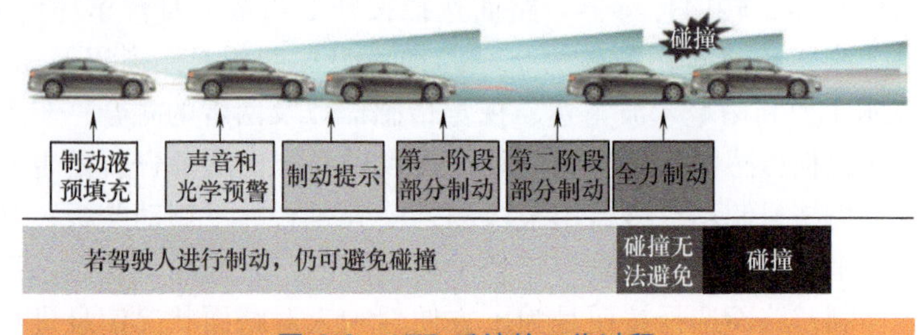

图 6-8 AEB 系统的工作过程

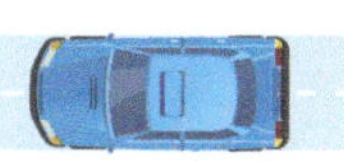

6.3 车道偏离预警系统

6.3.1 车道偏离预警系统的定义

车道偏离预警（LDW）系统是根据前方道路环境和自车位置关系，判断车辆偏离车道的行为并对驾驶人进行及时提醒，从而防止由于驾驶人疏忽造成的车道偏离事故的发生。它通过传感器获取前方道路信息，结合车辆自身的行驶状态以及预警时间等相关参数，判断汽车是否有偏离当前所处车道的趋势。如果车辆即将发生偏离，并且在驾驶人没有打转向灯的情况下，则通过视觉、听觉或触觉的方式向驾驶人发出警告。车道偏离预警系统如图6-9所示。

图6-9 车道偏离预警系统

车道偏离预警系统可以在行车的全程自动或手动开启，以监控汽车行驶的轨迹。

警告信号有仪表板警示图标、语音提示、座椅或者转向盘振动等。

6.3.2 车道偏离预警系统的组成

车道偏离预警系统主要由信息采集单元、电子控制单元和人机交互单元等组成，如图6-10所示。在该系统中，所有的信息均以数字信号的形式进行传递，通过汽车总线技术实现。

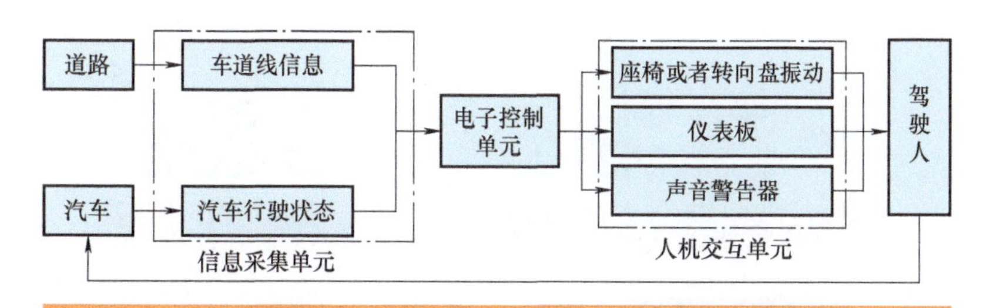

图6-10 车道偏离预警系统的组成

（1）信息采集单元　信息采集单元主要用于实现车道线信息和汽车自身行驶状态信息的采集。针对不同的道路条件和传感器类型，可采用不同的车道线检测方式，采用视觉传感器定位的方式应用较为广泛。汽车自身行驶状态采集的信息主要包括车速、加速度、转向角等数据。在完成所有信息数据的采集后，信息采集单元需对数据进行模-数转换，并传输给电子控制单元。

（2）电子控制单元　电子控制单元是整个系统的核心部分，需要对所有的数据进行集中处理。在处理车道线信息时，由于传感器存在测量误差，因此需要对其进行误差修正，最后综合判断汽车是否存在非正常偏离车道现象，如果发生非正常偏离，就发出警告信息。

（3）人机交互单元　人机交互单元通过仪表显示界面、语音提示、座椅或转向盘振动等一种或多种方式向驾驶人提示系统当前的状态。当存在车道偏离时，提醒驾驶人及时修正行驶方向，并可以根据偏离量的大小实现不同程度的预警效果。

6.3.3　车道偏离预警系统的原理

当系统正常工作时，信息采集单元将采集车道线位置、车速、汽车转向角等信息，电子控制单元将所有的数据转换到统一的坐标系下进行分析处理，从而获得汽车在当前车道中的位置参数，并判定汽车是否发生非正常的车道偏离。当检测到在未开启转向灯的情况下，汽车距离当前车道线过近并有可能偏入临近车道时，人机交互系统就会通过转向盘振动、仪表板警示图标、语音提示等方式发出警告，提醒驾驶人注意纠正这种无意识的车道偏离，及时回到当前行驶车道上，从而尽可能地减少车道偏离事故的发生。为了能够给驾驶人提供更多的反应时间和操控时间，车道偏离预警系统需要在偏离车道线之前发出提示。如果驾驶人打开转向灯，正常进行变道行驶，则车道偏离预警系统不会做出任何提示。

基于视觉传感器的车道偏离预警系统工作原理如图 6-11 所示，该系统使用车载视觉传感器对行驶车道进行拍摄，并将获得的图像信息输入车载电子控制单元，辨识并处理图像信息；根据识别到的车道标示线，判断汽车在这一时刻是否已经偏离正常的车道，若存在车道偏离现象，则发出预警信息，提醒驾驶人纠正偏离车道的汽车。

图 6-11　基于视觉传感器的车道偏离预警系统工作原理

6.4　车道保持辅助系统

6.4.1　车道保持辅助系统的定义

车道保持辅助（LKA）系统能够实时监测车辆与车道边线的相对位置，持续或在必要情况下控制车辆横向运动，使车辆保持在原车道内行驶，从而减轻驾驶人负担，减少交通事故的发生。车道保持辅助系统如图 6-12 所示。

图 6-12 车道保持辅助系统

6.4.2 车道保持辅助系统的组成

车道保持辅助系统主要由信息采集单元、电子控制单元和执行单元等组成，如图 6-13 所示。在系统工作期间，驾驶人将会接收车道偏离的警告信息，并选择对转向系统和制动系统中的一项或者多项动作进行控制，也可交由系统完全控制。系统中所有的信息均以数字信号的形式进行传递，通过汽车总线技术实现。

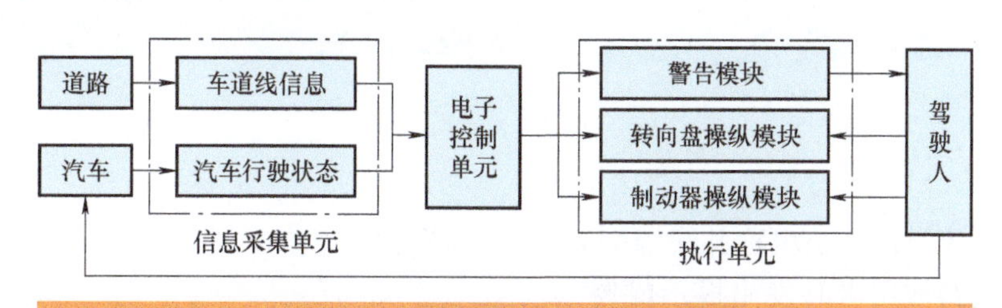

图 6-13 车道保持辅助系统的组成

（1）信息采集单元 信息采集单元在车道保持辅助系统中的功能与车道偏离预警系统的功能相似，主要通过传感器采集车道信息和汽车自身行驶信息并发送给电子控制单元。

（2）电子控制单元 电子控制单元主要通过特定的算法对信息进行处理，并判断是否做出车道偏离修正的相应操作。该单元性能直接影响车道偏离修正的及时性，因此在选择中央处理器和设计控制算法时，要着重考虑运算能力和运算速度。

（3）执行单元 执行单元主要有警告模块、转向盘操纵模块和制动器操纵模块。其中警告模块与车道偏离预警系统类似，通过转向盘或座椅振动、仪表板显示、声音警告中的一种或多种形式实现。转向盘操纵模块和制动器操纵模块是车道保持辅助系统中特有的，其主要实现横向运动和纵向运动的协同控制，并保证汽车在 LKA 系统工作期间具有一定的行驶稳定性。

6.4.3 车道保持辅助系统的原理

车道保持辅助系统可以在行车的全程或速度达到某一阈值后开启，并可以手动关闭，实时保持汽车的行驶轨迹。当系统正常工作时，信息采集单元通过车载传感器采集车速信号、转向盘转角信号以及汽车速度信息，电子控制单元对信息进行处理，比较车道线和汽车的行驶方向，判断汽车是否偏离行驶车道。当汽车行驶可能偏离车道线时，发出警告信息；当汽车距离偏离侧车道线小于一定阈值或已经有车轮偏离出车道线时，电子控制单元会计算出辅助操舵力和减速度，根据偏离的程度控制转向盘和制动器的操纵模块，施加操舵力和制动力使汽车稳定地回到正常轨道；若驾驶人打开转向灯，正常进行变线行驶，则系统不会做出任何提示。

车道保持辅助系统的工作过程如图 6-14 所示。在系统起作用时，将不同时刻的汽车行驶照片重叠后可以看出，图中后面起第二个车影已经偏离行驶轨道，于是系统发出警告信息，第三个和第四个车影是系统主动进行车道偏离纠正的过程，在第五个车影时，汽车已经重新处于正确的行驶线路上，车道保持辅助系统完成一个完整的工作周期。

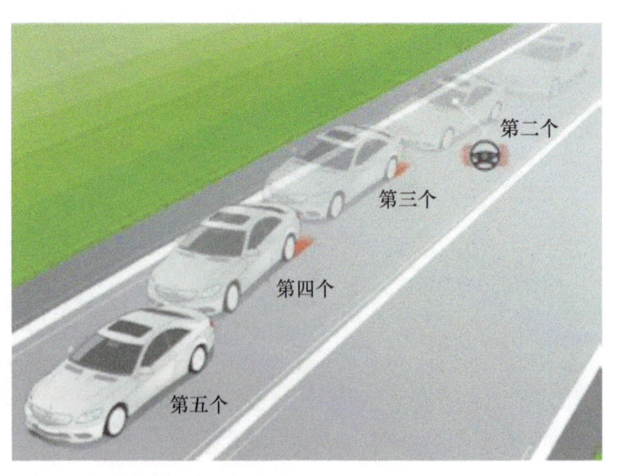

图 6-14 车道保持辅助系统的工作过程

6.5 盲区监测系统

6.5.1 盲区监测系统的定义

盲区监测（BSD）系统也称并线辅助系统，它能够实时监测驾驶人视野盲区，并在其盲区内出现其他道路使用者时发出提示或警告信息。BSD 系统是在驾驶人超车或变道时，通过传感器监测外后视镜盲区内有其他可能会引起碰撞的车辆，并通过视觉信号或听觉信号对驾驶人进行提醒，从而消除视野盲区，提高行车安全。盲区监测系统如图 6-15 所示。该系统仅是对盲区预警的辅助手段，并不会采取任何自主行为来阻止可能发生的碰撞，驾驶人需要对车辆的安全操作负责。

图 6-15 盲区监测系统

盲区监测系统是目前市场上配置率较高的一项 ADAS 功能。盲区监测系统除监测车辆以外，还应包括对城市道路上汽车盲区内行人、骑行者的监测，以及对高速公路弯道的监测与识别等。

6.5.2 盲区监测系统的组成

盲区监测系统一般由信息采集单元、电子控制单元和预警显示单元等组成，如图 6-16

所示。

（1）信息采集单元　信息采集单元利用车载传感器检测汽车盲区里是否有行人或其他行驶车辆，并把采集到的有用信息传输给电子控制单元。后视镜盲区的信息采集单元一般采用毫米波雷达和视觉传感器。

信息采集单元 → 电子控制单元 → 预警显示单元

图 6-16　盲区监测系统的组成

（2）电子控制单元　电子控制单元对采集到的信息进行分析判断，向预警显示单元发送信息。

（3）预警显示单元　预警显示单元接收电子控制单元的信息，如果有危险，则发出预警显示，此时不可变道。

6.5.3　盲区监测系统的原理

盲区监测系统是通过安装在车辆尾部或侧方的传感器检测后方来车或行人，传感器有视觉传感器、毫米波雷达等，电子控制单元对于传感器采集的信息进行分析处理，如果盲区内有车辆或行人，预警显示单元会通过发出警告声音或在后视镜中显示警告信息等方式告知驾驶人。盲区监测系统的工作原理如图 6-17 所示。如果此时驾驶人没有注意到系统提醒，开启转向灯准备变道，预警显示单元会增加警告强度来警告驾驶人，避免交通事故的发生。

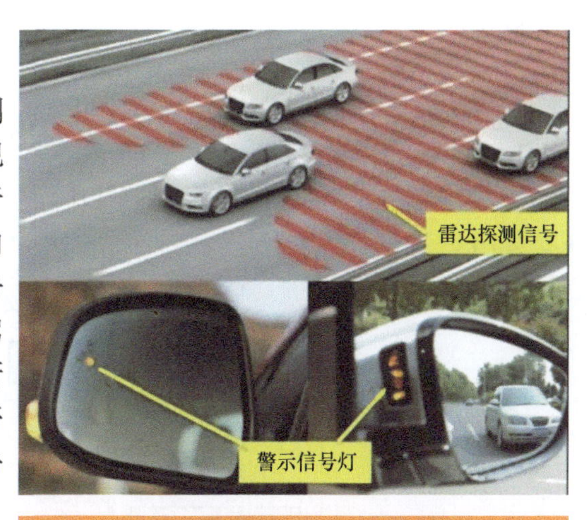

图 6-17　盲区监测系统的工作原理

智能网联汽车也可以采用 V2V 和 V2I 之间通信，告知驾驶人盲区内是否有车辆或行人。

6.6　自适应巡航控制系统

6.6.1　自适应巡航控制系统的定义

自适应巡航控制（ACC）系统能够实时监测车辆前方行驶环境，在设定的速度范围内自动调整行驶速度，以适应前方车辆和道路条件等引起的驾驶环境变化。

在汽车行驶过程中，安装在汽车前部的车距传感器持续扫描汽车前方道路，同时轮速传感器采集车速信号。当前汽车（以下简称主车）与前方车辆之间的距离小于或大于安全车距时，ACC 控制单元通过与制动系统、发动机控制系统协调动作，改变制动力矩和发动机输出功率，对汽车行驶速度进行控制，以使主车与前方车辆始终保持安全车距行驶，避免追尾事故发生，同时提高通行效率。自适应巡航控制系统如图 6-18 所示。如果主车前方没有车辆，则主车按设定的车速巡航行驶。

电动汽车自适应巡航控制系统中，发动机更换为驱动电机，通过改变制动力矩和驱动电机的输出功率，控制电动汽车的行驶速度。

汽车 ACC 系统分为基本型和全速型。

(1) 基本型 ACC 系统　基本型 ACC 系统一般在车速大于 30km/h 时才会起作用，而当车速降低到 30km/h 以下时，就需要驾驶人进行人工控制。

(2) 全速型 ACC 系统　全速型 ACC 系统在车速低于 30km/h 直至汽车静止时一样可以适用，在低速行驶时仍能保持与前车的距离，并能对汽车进行制动直至其处于静止状态。

图 6-18　自适应巡航控制系统

6.6.2　自适应巡航控制系统的组成

1. 燃油汽车自适应巡航控制系统的组成

燃油汽车 ACC 系统主要由信息感知单元、电子控制单元、执行单元和人机交互界面等组成，如图 6-19 所示。

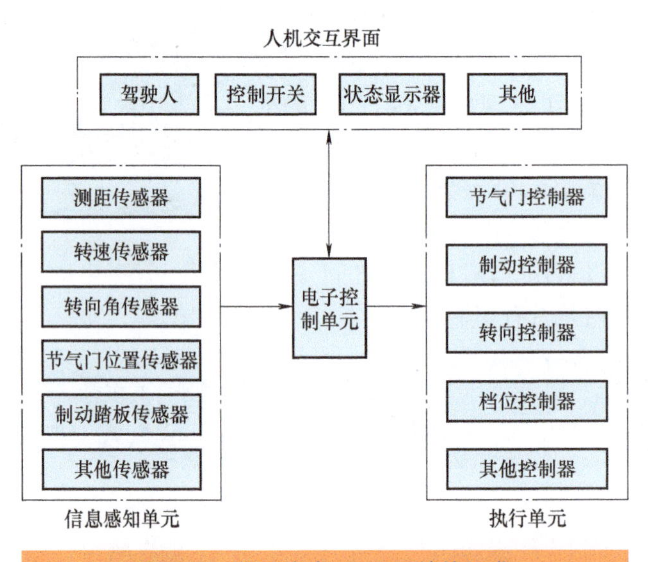

图 6-19　燃油汽车 ACC 系统的组成

(1) 信息感知单元　信息感知单元主要用于向电子控制单元提供 ACC 所需要的各种信息，主要由测距传感器、转速传感器、转向角传感器、节气门位置传感器、制动踏板传感器等组成。测距传感器用来获取主车与前方目标车辆之间的距离信号，可以使用毫米波雷达、少线束激光雷达和视觉传感器；转速传感器用于获取实时车速信号，一般使用霍尔式转速传感器；转向角传感器用于获取汽车转向信号；节气门位置传感器用于获取节气门开度信号；制动踏板传感器用于获取制动踏板动作信号。

(2) 电子控制单元　电子控制单元根据驾驶人所设定的安全车距及车速，结合信息感知单元传送来的信息确定主车的行驶状态，决策出汽车的控制策略，并输出节气门开度和制动压力信号给执行单元。例如，当主车与前方的目标车辆之间的距离小于设定的安全车距时，电子控制单元计算实际车距和安全车距之差及相对速度的大小，选择减速方式，或通过警告器向驾驶人发出警告，提醒驾驶人采取相应的措施。

（3）执行单元　执行单元主要执行电子控制单元发出的指令，实现主车速度和加速度的调整。它包括节气门控制器、制动控制器、转向控制器和档位控制器等，节气门控制器用于调整节气门的开度，使汽车加速、减速及定速行驶；制动控制器用于控制制动力矩或紧急情况下的制动；转向控制器用于控制汽车的行驶方向；档位控制器用于控制汽车变速器的档位。

（4）人机交互界面　人机交互界面用于驾驶人设定系统参数及系统状态信息的显示等。驾驶人可通过设置在仪表板或转向盘上的人机界面启动或清除 ACC 系统控制指令。启动 ACC 系统时，要设定主车与目标车辆之间的安全车距以及在巡航状态下的车速，否则 ACC 系统将自动设置为默认值，但所设定的安全车距不可小于设定车速下交通法规所规定的安全车距。

2. 电动汽车自适应巡航控制系统的组成

电动汽车 ACC 系统也是由信息感知单元、电子控制单元、执行单元和人机交互界面等组成，如图 6-20 所示。电动汽车相对于燃油汽车，其 ACC 系统的信息感知单元没有节气门位置传感器，执行单元没有节气门控制器和档位控制器，相应增加电动机控制器和再生制动控制器。信息感知单元将传感器测量的距离、速度和加速度等信号输入到电子控制单元；电子控制单元对主车行驶环境及运动状态进行分析、计算、决策，输出转矩和制动压力信号；执行单元用于完成电子控制单元的指令，通过电动机控制器和制动控制器来调节主车的行驶速度；人机交互界面为驾驶人对系统的运行进行观察和干预控制提供操作界面。

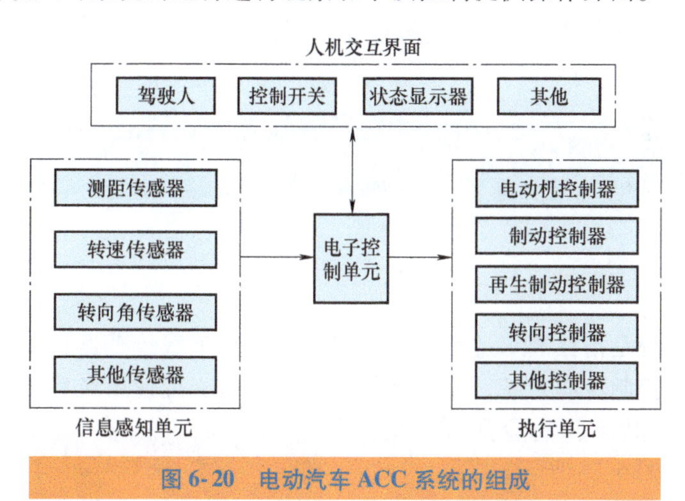

图 6-20　电动汽车 ACC 系统的组成

6.6.3　自适应巡航控制系统的原理

1. 燃油汽车 ACC 系统的原理

燃油汽车 ACC 系统的原理如图 6-21 所示。驾驶人启动 ACC 系统后，汽车在行驶过程中，安装在汽车前部的测距传感器持续扫描汽车前方道路，同时，转速传感器采集车速信号。如果主车前方没有车辆或与前方目标车辆距离很远且速度很快时，控制模式选择模块就会激活巡航控制模式，ACC 系统将根据驾驶人设定的车速和转速传感器采集的主车速度自动调节加速踏板等，使主车达到设定的车速并巡航行驶；如果目标车辆存在且离主车较近或速度很慢，控制模式选择模块就会激活跟随控制模式，ACC 系统将根据驾驶人设定的安全车距和转速传感器采集的主车速度计算出期望车距，并与测距传感器采集的实际距离比较，自动调节制动压力和节气门开度等使汽车以一个安全车距稳定地跟随前方目标车辆行驶。同时，ACC 系统会把汽车目前的一些状态参数显示在人机界面上，方便驾驶人的判断，也装有紧急警告系统，在 ACC 系统无法避免碰撞时及时警告驾驶人并由驾驶人处理紧急状况。

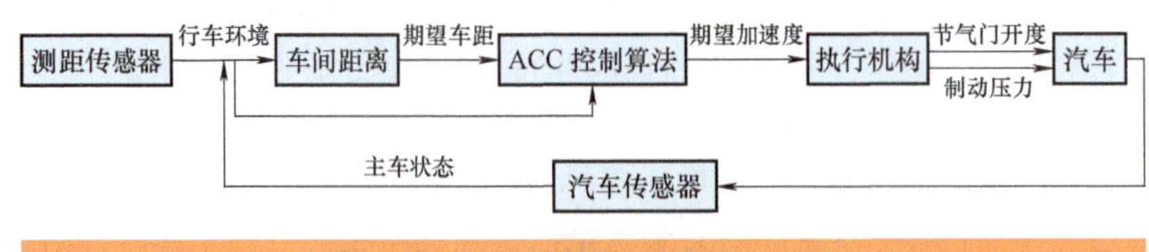

图 6-21 燃油汽车 ACC 系统的原理

2. 电动汽车 ACC 系统的原理

电动汽车 ACC 系统的原理如图 6-22 所示。它与燃油汽车 ACC 系统工作原理基本一样，唯一区别是燃油汽车控制的是节气门开度，调节发动机输出转矩；电动汽车控制的是电动机转矩，调节电动机的输出转矩。

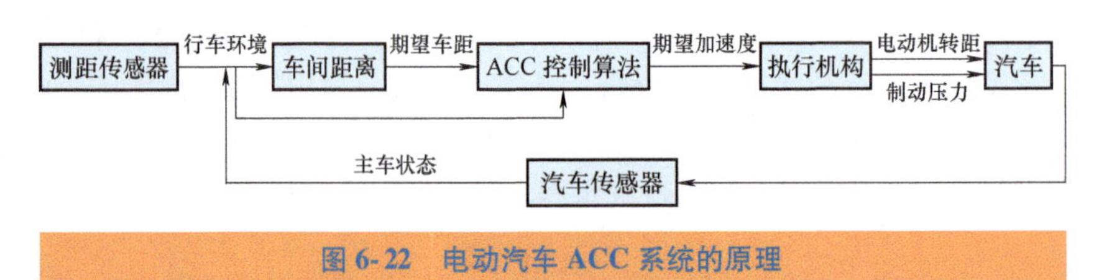

图 6-22 电动汽车 ACC 系统的原理

6.7 智能泊车辅助系统

6.7.1 智能泊车辅助系统的定义

智能泊车辅助系统是指在泊车过程中，系统能够利用车载传感器自动检测附近可用停车位，计算泊车轨迹，控制转向系统、制动系统、驱动系统、变速系统完成泊车入位；能够向驾驶人发出系统故障状态、危险预警等信息。智能泊车辅助系统如图 6-23 所示。

图 6-23 智能泊车辅助系统

按泊车模式，智能泊车辅助系统分为平行泊车和垂直泊车。平行泊车是指系统具备平行靠左、靠右泊车（即侧方位停车）的能力；垂直泊车是指系统具备垂直靠左、靠右泊车（即倒车入库）的能力。

6.7.2 智能泊车辅助系统的组成

智能泊车辅助系统主要由感知单元、中央控制器、转向执行机构和人机交互系统组成，如图 6-24 所示。

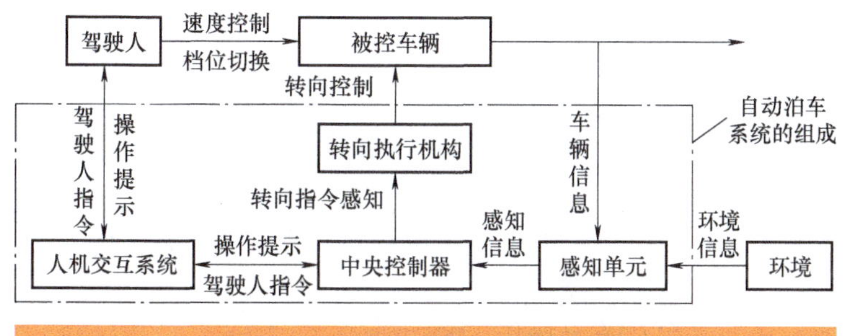

图 6-24 智能泊车辅助系统的组成

（1）感知单元 感知单元通过车位检测传感器、避障保护传感器、转速传感器、陀螺仪、档位传感器等实现对环境信息和汽车自身运动状态的感知，并把感知信息输送给泊车系统的中央控制器。

（2）中央控制器 中央控制器主要分析处理感知单元获取的环境信息并负责汽车泊车运动控制。在泊车过程中，泊车系统控制器实时接收并处理汽车避障传感器输出的信息，当汽车与周围物体相对距离小于设定安全值时，泊车系统控制器将采取合理的汽车运动控制。

（3）转向执行机构 转向执行机构由转向系统、转向驱动电机、转向电机控制器、转向柱转角传感器等组成，转向执行机构接收中央控制器发出的转向指令后执行转向操作。

（4）人机交互系统 在泊车过程中，人机交互系统向驾驶人显示一些重要信息。

6.7.3 智能泊车辅助系统的原理

智能泊车辅助系统的原理是通过车载传感器扫描汽车周围环境，通过对环境区域的分析和建模，搜索有效泊车位，当确定目标车位后，系统提示驾驶人停车并自动启动智能泊车程序，根据所获取的车位大小、位置信息，由程序计算泊车路径，然后自动操纵汽车泊车入位。智能泊车辅助系统的工作过程如图 6-25 所示。

（1）激活系统 汽车进入停车区域后缓慢行驶时，可人工开启智能泊车辅助系统，或根据车速自动启动智能泊车辅助系统。

（2）车位检测 车位检测通过车载传感器获取环境信息，传感器主要采用测距传感器（如超声波雷达）和视觉传感器（如摄像头）识别出目标车位。

（3）路径规划 根据所获取的环境信息，电子控制单元会对汽车和环境建模，计算出一条能使汽车安全泊入车位的路径。

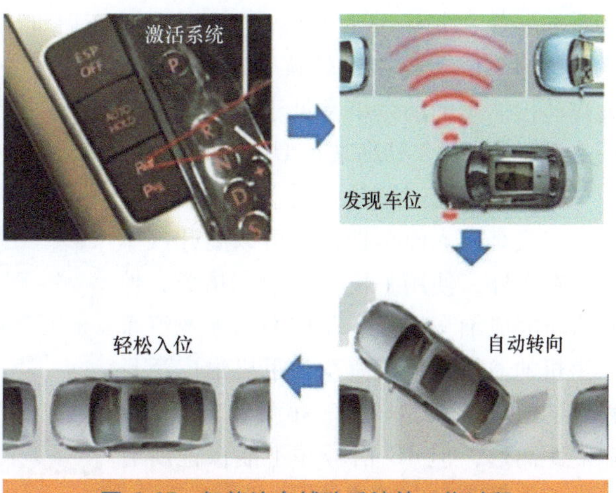

图 6-25 智能泊车辅助系统的工作过程

（4）路径跟踪 通过转向角、加速和制动的协调控制，使汽车跟踪预先规划的泊车路径，实现轻松泊车入位。

智能泊车辅助系统在泊车过程中，不需要驾驶人控制汽车的任何操作，所有泊车过程全部由计算机控制。

6.7.4 智能泊车类型

智能泊车可以分为自动泊车、远程遥控泊车、自学习泊车和自动代客泊车。

1. 自动泊车

自动泊车系统主要是利用遍布车辆自身和周边环境里的传感器，测量车辆自身与周边物体之间的相对距离、速度和角度，然后通过车载计算平台或云计算平台计算出操作流程，并控制车辆的转向和加减速，以实现自动泊入、泊出及部分行驶功能。自动泊车如图 6-26 所示。

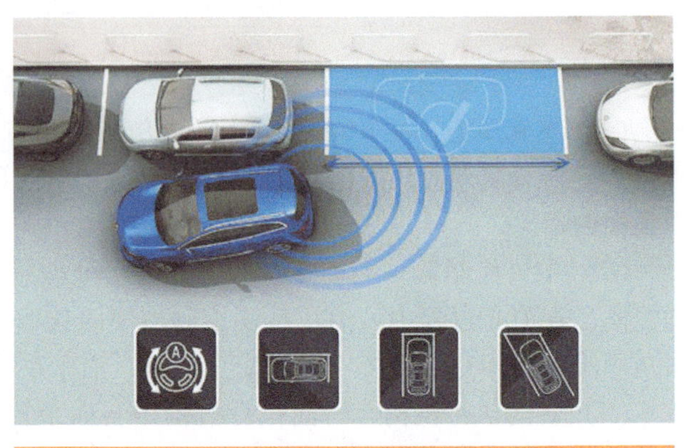

图 6-26 自动泊车

使用 APA 超声波雷达检测到空库位后，汽车控制器会根据自车的尺寸和库位的大小，规划出一条合理的泊车轨迹，控制转向盘、变速器和加速踏板进行自动泊车。在泊车过程中，安装在汽车前后的 8 个 UPA 会实时感知环境信息，实时修正泊车轨迹，避免碰撞。

自动泊车可以分为半自动泊车和全自动泊车。半自动泊车系统的模式为驾驶人操控车速，计算平台根据车速及周边环境来确定并执行转向，对应于 SAE L1 级；全自动泊车系统的模式为计算平台根据周边环境来确定并执行转向和加减速等全部操作，驾驶人可在车内或车外监控，对应于 SAE L2 级。

2. 远程遥控泊车

远程遥控泊车如图 6-27 所示，它是在 APA 自动泊车技术的基础之上发展而来的，车载传感器的配置方案与 APA 类似。它解决了停车后难以打开自车车门的尴尬场景，例如在两边都停了车的车位，或在比较狭窄的停车房。远程遥控泊车辅助系统常见于特斯拉、宝马 7 系、奥迪 A8 等高端车型中。

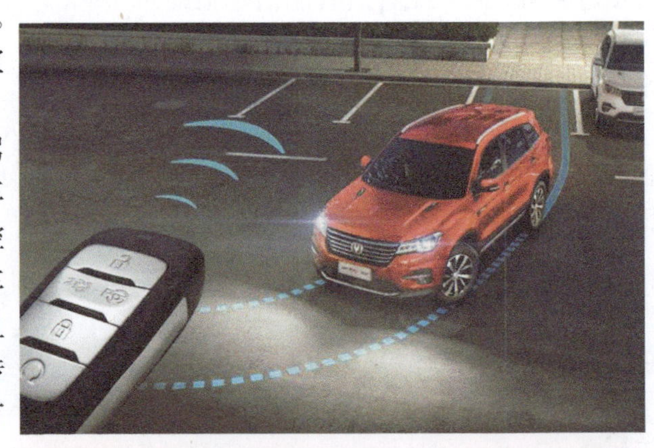

图 6-27 远程遥控泊车

在汽车低速巡航并找到空车位后，驾驶人将汽车挂入停车档，就可以离开汽车了。在车外，使用手机发送泊车指令，控制汽车完成泊车操作。遥控泊车涉及汽车与手机的通信，目前汽车与手机最广泛且稳定的通信方式是蓝牙，虽然没有 4G 传输的距离远，但 4G 信号并不能保证所有地方都能做到稳定通信。

远程遥控泊车辅助系统相比于 APA

加入了与驾驶人通信的车载蓝牙模块，不再需要驾驶人坐在车内监控汽车的泊车过程，仅需要在车外观察即可。

远程遥控泊车属于自动驾驶的 L2 级。

3. 自学习泊车

自学习泊车如图 6-28 所示，它能够学习驾驶人的泊入和泊出操作，并在以后自主完成这个过程。自学习泊车辅助系统的核心技术是同时定位与地图构建（SLAM）。

驾驶人在准备停车前，可以在库位不远处，开启“路线学习”功能，随后慢慢将汽车泊入固定车位，系统就会自学习该段行驶和泊车路线。泊车路线一旦学习成功，汽车便可达到“过目不忘”。完成路线的学习后，在录制时的相同起点下车，用手机蓝牙连接汽车，启动自学习泊车辅助系统，汽车就能够模仿先前录制的泊车路线，完成自动泊车。

图 6-28 自学习泊车

驾驶人除了让汽车学习泊入车库的过程外，还能够学习汽车泊出并行驶到办公楼的过程。“聪明”的汽车能够自动驾驶到驾驶人面前，即使在大雨天也不用害怕冒雨取车。

自学习泊车辅助系统相比于自动泊车和远程遥控泊车辅助系统加入了 360°环视相机，而且泊车的控制距离从 5m 内扩大到了 50m，有了明显提升。

自学习泊车属于自动驾驶的 L3 级。

4. 自动代客泊车

最理想的泊车辅助场景应该是：驾驶人把车开到办公楼下后，直接去办事，把找停车位和停车的工作交给汽车，汽车停好后，发条信息给驾驶人，告知自己停在哪里；在驾驶人下班时，给汽车发条信息，汽车即可远程起动、泊出库位，并行驶到驾驶人设定的接驳点。

自动代客泊车如图 6-29 所示，它是为了解决日常工作、生活中停车难的痛点，其主要的应用地点通常是办公楼或者大型商场的地上或地下停车场。

相比于前面 3 种泊车辅助产品，自动代客泊车除了要实现泊入车库的功能外，还需要解决从驾驶人下车点低速（小于 20km/h）行驶至库位旁的问题。为了能尽可能地安全行驶到库位旁，必须提升汽车远距离感知的能力，前视摄像头成为最优的传感器方案。地上/地下停车场不像开放道路，场景相对单一，高速运动的汽车较少，对于保持低速运动的自车来说，更容易避免突发状况的发生。

图 6-29 自动代客泊车

除了毫米波雷达和视觉传感器外，实现自动代客泊车还需要引入停车场的高精度地图，再配合 SLAM 或视觉匹配定位的方法，才能够让汽车知道它现在在哪里，应该去哪里寻找停车位。除了自行寻找停车位外，具备自动代客泊车功能的汽车还可以配合智能停车场更好地完成自动代客泊车的功能。智能停车场需要在停车场内安装一些必要的基础设施，例如摄像头、地锁等。这些传感器不仅能够获取停车位是否被占用的信息，还能够知道停车场的道路上是否有车等信息。将这些信息建模后发送给汽车，汽车就能够规划出一条更为合理的路径，行驶到空车位处。

自动代客泊车属于自动驾驶的 L4 级。

6.8 智能座舱系统

6.8.1 智能座舱概述

汽车座舱即车内驾驶和乘坐空间。智能座舱是指配备了智能化和网联化的车载产品，从而可以与人、路、车本身进行智能交互的座舱，是人车关系从工具向伙伴演进的重要纽带和关键节点。智能座舱通过对数据的采集，上传到云端进行处理和计算，从而对资源进行最有效的适配，增加座舱内的安全性、娱乐性和实用性。

智能座舱的未来形态是“智能移动空间”。在 5G 和车联网高度普及的前提下，汽车座舱将摆脱“驾驶”这一单一场景，逐渐进化成集“家居、娱乐、工作、社交”为一体的智能空间。

智能座舱的功能如图 6-30 所示。

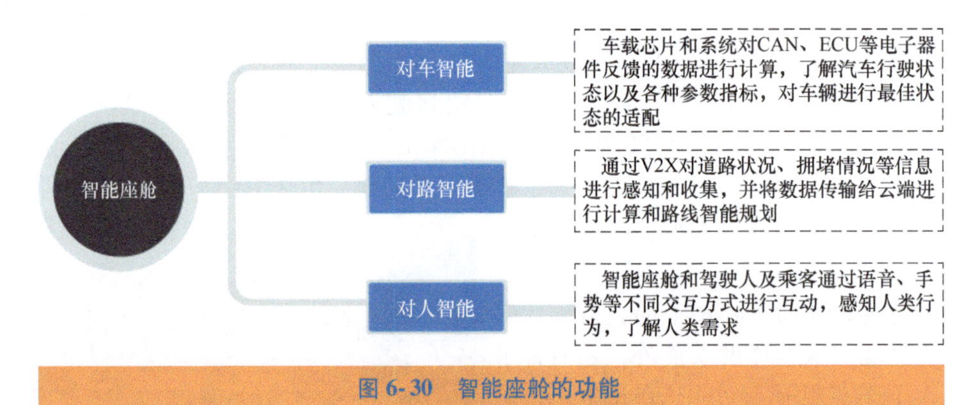

图 6-30 智能座舱的功能

智能座舱产业流程（图 6-31）：软硬件底层技术根据产品的不同需求应用到各个智能化零部件中；不同智能化零部件在座舱内集成形成一套完整解决方案，以整车体现并销售给车主；与此同时，基础设施参与整个流程，为各环节提供数据传输、运算存储等服务。

智能座舱具有以下发展趋势。

1）智能化。随着技术、硬件的发展和成本的降低，汽车座舱会越来越智能，智能化对交互方式的影响是机器会增加担任主动输入的能力，所以随着汽车越来越智能化，车主在输入方面投入减少，效率更高。

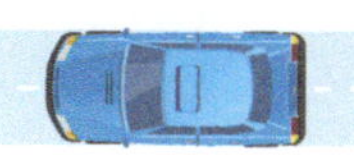

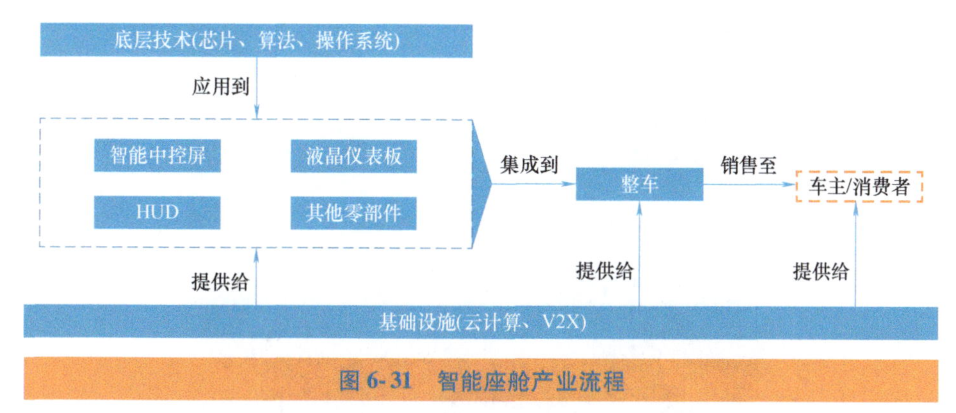

图 6-31 智能座舱产业流程

2）自动化。随着自动驾驶的技术越来越成熟和普及，车主会逐渐释放注意力资源和手眼，可以投入更多的娱乐操作当中，在输入输出反馈中更好利用视觉反馈。

3）电子化。去掉实体控件，增加科技感，简化内饰，降低成本，变成一种趋势。虽然无论是触摸屏还是语音，都没有办法完美取代实体控件交互，但是，趋势仍然是站在触摸屏这边的。所以这也导致汽车座舱电子化交互的变化。

4）座舱各组成部分呈现由分布到集中、由独立到融合的趋势。车内 ECU 将从分布式结构逐渐转向集中式结构，域控制器将车内分成不同的功能域，由一块算力强大的主控芯片控制；操作系统将得以统一；不同功能的屏幕之间也趋于融合。在芯片和操作系统的融合下。未来智能座舱内的人机交互界面或只存在一块屏幕，仪表板、中控屏、副驾屏幕将全部整合在一起，由一个域控制器和统一的操作系统驱动。

5）算法软件数据将成为价值链重心。传统汽车供应链是链条式的上下游模式，而智能座舱产业呈现出明显的集成、跨界合作趋势。未来掌握核心软件能力、数据的互联网公司，以及转型及时的主机厂将占据行业主导地位。

6）“智能移动空间”将成为终极形态。智能座舱的终极形态将会是智能移动空间。由于自动驾驶与智能座舱的共同发展，在 L5 级别自动驾驶背景下，未来的座舱将摆脱单一的驾驶场景，进而成为集娱乐、社交、出行、办公等为一体的综合空间。

未来的智能座舱是多种技术融合、多个参与主体协同下的产物。云计算平台提供大数据存储和计算，5G 提供高速低时延数据传输。同时，自动驾驶的实现意味着车载芯片的算力将远大于其他终端的芯片，因此座舱就成了办公效率最高、娱乐效果最好的终端。

6.8.2 抬头显示系统

抬头显示（HUD）系统也称为平视显示系统，它能够将信息显示在驾驶人正常驾驶时的视野范围内，使驾驶人不必低头就可以看到相应的信息。HUD 系统是利用光学反射原理，将汽车驾驶辅助信息、导航信息、检查控制信息以及 ADAS 信息等，以投影方式显示在风窗玻璃上或约 2m 远的前方、发动机舱盖尖端的上方，使驾驶人阅读起来非常舒适。同时，抬头显示系统还可以显示来自各个驾驶辅助系统的警告信息，例如车道偏离警告、来自带行人识别功能的夜视辅助系统的行人避让警告等，避免驾驶人在行车过程中频繁低头看仪表或车载屏幕，对于行车安全起着很好的辅助作用。抬头显示系统如图 6-32 所示。抬头显示系统与 AR 结合是未来发展趋势。

图 6-32 抬头显示系统

6.8.3 夜视系统

夜视系统是能够通过红外线或热成像摄像机在夜间或其他弱光行驶环境中为驾驶人提供视觉辅助或警告信息，减少事故发生，增强主动安全的系统。夜视系统如图 6-33 所示。

按照工作原理不同，汽车夜视辅助系统可以分为主动夜视辅助系统和被动夜视辅助系统两种。

图 6-33 夜视系统

（1）主动夜视辅助系统 主动夜视辅助系统采用主动红外成像技术，把目标物体反射或自身辐射的红外辐射图像转换成人眼可观察的图像。这种系统本身必须具备光源，不发出热量的物体也可以看到，通过图像处理提高清晰度，道路标志清晰可见。

（2）被动夜视辅助系统 被动夜视辅助系统采用热成像技术，基于目标与背景的温度和辐射率差别，利用辐射测温技术对目标逐点测定辐射强度而形成可见的目标热图像。这种系统本身没有光源，仅依靠对物体本身发出的光线进行识别，不发出热量的物体看不清或看不到，图像清晰度取决于天气条件和时间段，图像与实际景象不完全符合。

6.8.4 驾驶人疲劳预警系统

驾驶人疲劳预警系统是指驾驶人精神状态下滑或进入浅层睡眠时，系统会依据驾驶人精神状态指数分别给出视觉、听觉和触觉等警示，警告驾驶人已经进入疲劳状态，需要休息。驾驶人疲劳预警系统如图 6-34 所示，其作用就是监视并提醒驾驶人自身的疲劳状态，减少驾驶人疲劳驾驶的潜在危害。

驾驶人疲劳预警系统也称为疲劳检测 & 驾驶行为识别预警系统、防疲劳预警系统、疲劳识别系统、注意力警示辅助系统、驾驶人安全警告系统等。

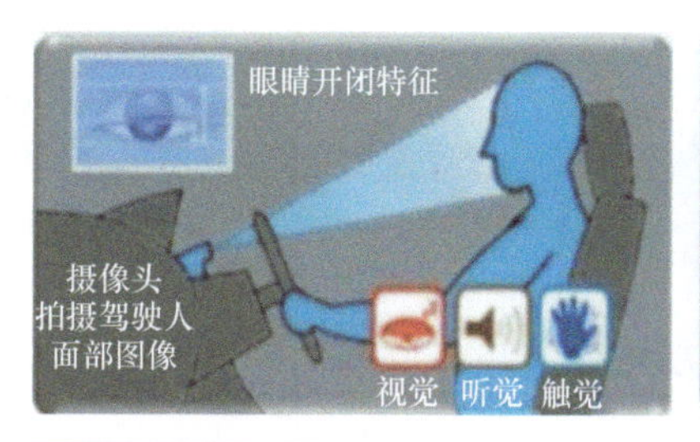

图 6-34 驾驶人疲劳预警系统

6.8.5 人机交互技术

人车交互主要包括物理操控、语音交互、触摸控制、生物识别、视觉交互、手势交互等六大形式。其中物理操控、触摸控制和视觉交互属于较为传统的交互方式，语音交互、生物识别和手势交互属于新兴人车交互范畴。目前语音是人车交互的主流方式。

语音交互、人脸交互、手势交互和触屏控制在全球智能网联汽车市场上将被大量采用。

随着语音技术的不断完善，语音交互的自然度将进一步提升，并愈加趋向人类自然对话的体验。

1）语音交互将从机械的单轮对话进阶到更流畅的多轮对话。

2）合成语音更自然、真实，接近真人水平。

3）语音交互具备听觉选择能力，提升多人对话体验。

4）语音交互将支持多种方言，并针对细分群体进行差异化设计。

5）语音具备人设、情感、智能。

6）语音开始拥有情感判断和反馈智能。

人脸交互利用人自身固有特征进行交互，具有自然、方便、快捷等特点。伴随计算机视觉技术发展，深度学习算法的不断突破，用于身份验证的人脸检测和识别技术已经成熟，被广泛应用于个人和公共场景的身份验证，并会继续扩大应用落地场景。未来，车里还可以准确地识别人脸更多细节信息，如表情、微表情、精神状态（是否疲劳或是否专注）、视线注意等，以判断人的情绪、疲劳状态、专注度等，并在情感互动、疲劳驾驶预警、专注力监测与应对等场景发挥作用。

随着摄像头技术和深度学习算法的不断进步，空中手势交互的种类和自由度在不断提升，从二维静态和近距离手势扩展到三维动态和远距离手势，手势交互自然、高效的优势被进一步凸显出来。随着国内外科技企业在手势识别领域的纷纷布局，空中手势交互将有望成为实现多模态交互的标配。

图 6-35 所示为奔驰汽车采用语音控制和触屏技术的人机界面，它给用户提供了更为智能化的交互方式，提升了用户体验。

图 6-35 奔驰汽车采用语音控制和触屏技术的人机界面

6.9 其他先进驾驶辅助系统

1. 后向碰撞预警系统

后向碰撞预警系统能够实时监测车辆后方环境，并在可能受到后方碰撞危险时发出警告信息，如图 6-36 所示。

图 6-36 后向碰撞预警系统

2. 变道碰撞预警系统

变道碰撞预警系统能够在车辆变道过程中，实时监测相邻车道，并在车辆侧方和侧后方出现可能与自车发生碰撞危险的其他道路使用者时发出警告信息，如图 6-37 所示。

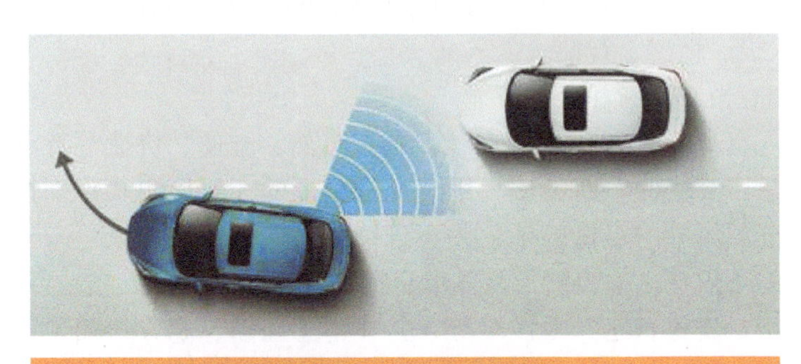

图 6-37 变道碰撞预警系统

3. 侧面盲区监测系统

侧面盲区监测系统能够实时监测驾驶人视野的侧方及侧后方盲区，并在其盲区内出现其他道路使用者时发出提示或警告信息，如图 6-38 所示。

4. 转向盲区监测系统

转向盲区监测系统能够在车辆转向过程中，实时监测驾驶人转向盲区，并在其盲区内出现其他道路使用者时发出警告信息，如图 6-39 所示。

5. 后方交通穿行提示系统

后方交通穿行提示（RCTA）系统能够在车辆倒车时，实时监测车辆后部横向接近的其他道路使用者，并在可能发生碰撞危险时发出警告信息，如图 6-40 所示。

图 6-38 侧面盲区监测系统

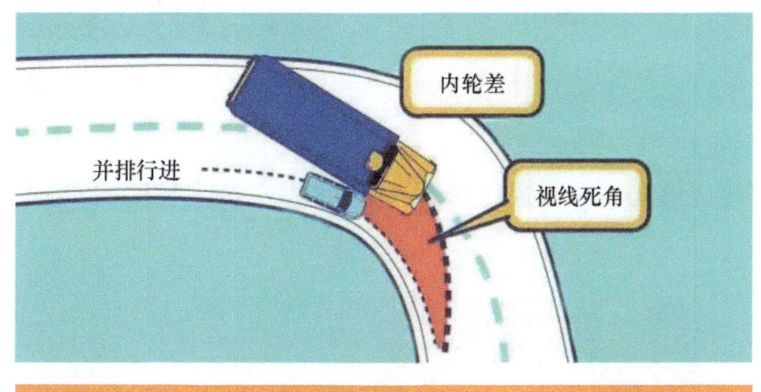

图 6-39 转向盲区监测系统

6. 车门开启预警系统

车门开启预警系统能够在停车状态下即将开启车门时，监测车辆侧方及侧后方的其他道路使用者，并在可能因车门开启而发生碰撞危险时发出警告信息，如图 6-41 所示。车门开启预警检测范围在图 6-41 所示的方框范围内。

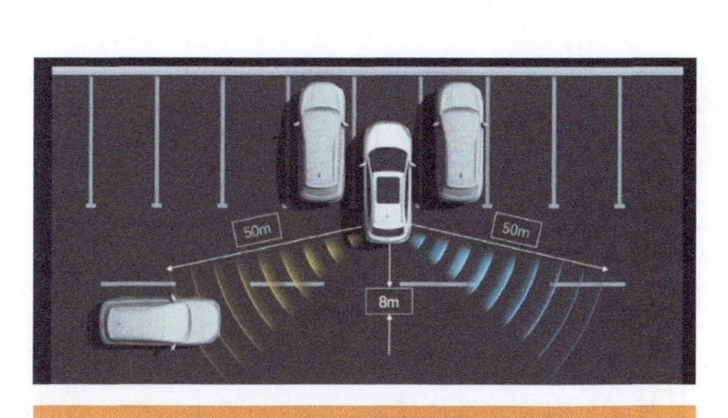

图 6-40 后方交通穿行提示系统

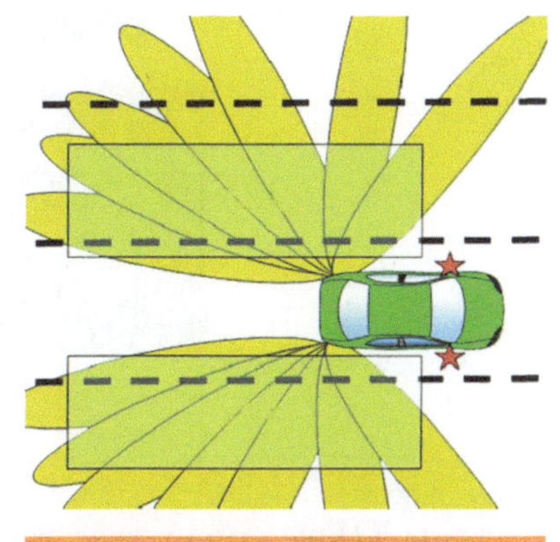

图 6-41 车门开启预警系统

7. 交通标志识别系统

交通标志识别系统能够自动识别车辆行驶路段的交通标志并发出提示信息，如图 6-42 所示。

8. 智能限速提示系统

智能限速提示系统能够自动获取车辆当前条件下所应遵守的限速信息并实时监测车辆行驶速度，当车辆行驶速度不符合或即将超出限速范围的情况下适时发出提示信息，如图 6-43 所示。

图 6-42　交通标志识别系统

图 6-43　智能限速提示系统

9. 全景影像监测系统

全景影像监测系统能够向驾驶人提供车辆周围 360℃范围内环境的实时影像信息，如图 6-44 所示。

图 6-44　全景影像监测系统

10. 紧急制动辅助系统

紧急制动辅助（EBA）系统能够实时监测车辆前方行驶环境，在可能发生碰撞危险时提前采取措施以减少制动响应时间并在驾驶人采取制动操作时辅助增加制动压力，以避免碰撞或减轻碰撞后果，如图 6-45 所示。

11. 紧急转向辅助系统

紧急转向辅助系统实时监测车辆前方和侧方行驶环境，在可能发生碰撞危险且驾驶人有明显的转向意图时辅助驾驶人进行转向操作，如图 6-46 所示。

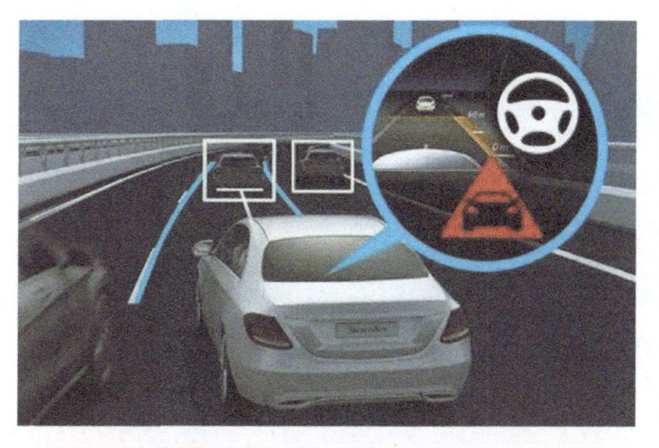

图 6-45　紧急制动辅助系统

图 6-46　紧急转向辅助系统

12. 智能限速控制系统

智能限速控制系统能够自动获取车辆当前条件下所应遵守的限速信息并实时监测车辆行驶速度，辅助驾驶人控制车辆行驶速度，以使其保持在限速范围之内，如图 6-47 所示。

13. 车道居中控制系统

车道居中控制系统能够实时监测车辆与车道边线的相对位置，持续自动控制车辆横向运动，使车辆始终在车道中央区域行驶，如图 6-48 所示。

图 6-47　智能限速控制系统

图 6-48　车道居中控制系统

14. 车道偏离抑制系统

车道偏离抑制系统能够实时监测车辆与车道边线的相对位置，在车辆将发生车道偏离时控制车辆横向运动，辅助驾驶人将车辆保持在原车道内行驶，如图 6-49 所示。

15. 交通拥堵辅助系统

交通拥堵辅助系统能够在车辆低速通过交通拥堵路段时，实时监测车辆前方及相邻车道行驶环境，并自动对车辆进行横向和纵向控制，其中部分功能的使用需经过驾驶人的确认，如图 6-50 所示。

16. 自适应前照灯系统

自适应前照灯系统能够自动进行近光/远光切换或投射范围控制，从而为适应车辆各种使用环境提供不同类型光束的前照灯，如图 6-51 所示。

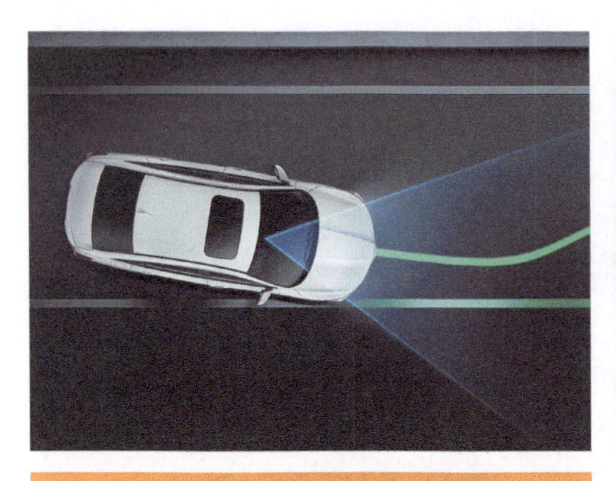

图 6-49　车道偏离抑制系统

图 6-50　交通拥堵辅助系统

图 6-51　自适应前照灯系统

17. 自适应远光灯系统

自适应远光灯系统能够自动调整投射范围以减少对前方或对向其他车辆驾驶人产生眩目干扰的远光灯，如图 6-52 所示。

图 6-52　自适应远光灯系统

6.10 先进驾驶辅助系统的应用实例

目前新车 ADAS 的配置率快速增长，已经从豪华车型向普通家用车型发展。

1. 奔驰 GLC

奔驰 GLC 及其 ADAS 传感器布局如图 6-53 所示，其数量和功能见表 6-1。

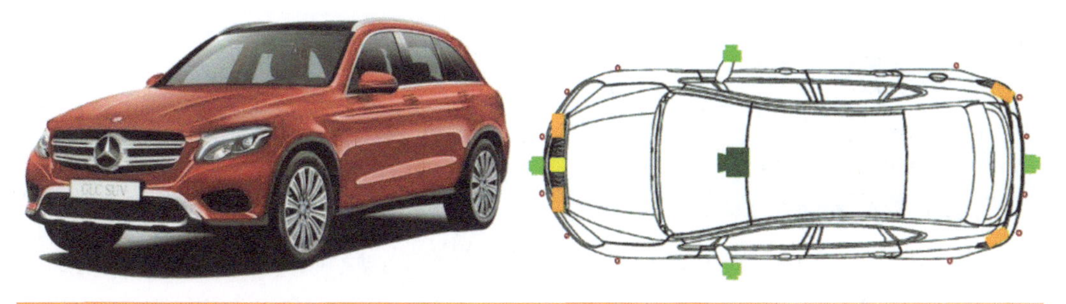

图 6-53 奔驰 GLC 及其 ADAS 传感器布局

表 6-1 奔驰 GLC 及其 ADAS 传感器的数量和功能

图例					
传感器名称	前视摄像头	鱼眼摄像头	77GHz 毫米波雷达	24GHz 毫米波雷达	超声波雷达
单车数量	1	4	1	4	12
功能	LDW、LKA	AVS	ACC	AEB、FCW、LCA	APA

2. Jeep 大指挥官

Jeep 大指挥官及其 ADAS 传感器布局如图 6-54 所示，其数量和功能见表 6-2。

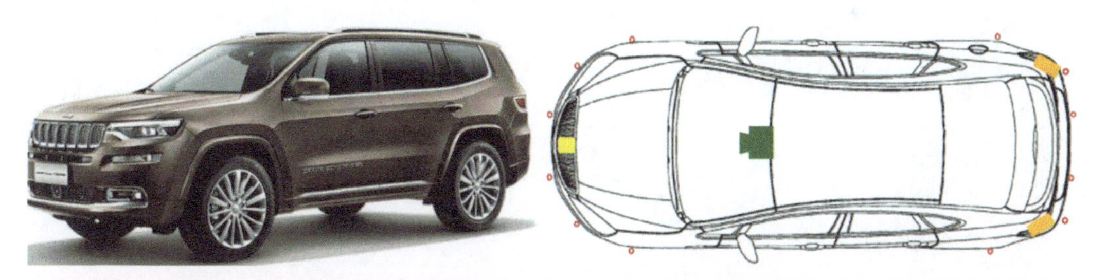

图 6-54 Jeep 大指挥官及其 ADAS 传感器布局

表 6-2 Jeep 大指挥官及其 ADAS 传感器的数量和功能

图例				
传感器名称	前视摄像头	77GHz 毫米波雷达	24GHz 毫米波雷达	超声波雷达
单车数量	1	1	2	12
功能	AEB、FCW、LDW、LKA	ACC	LCA、RCTA	APA

3. 长安 CS75

长安 CS75 及其 ADAS 传感器布局如图 6-55 所示，其数量和功能见表 6-3。

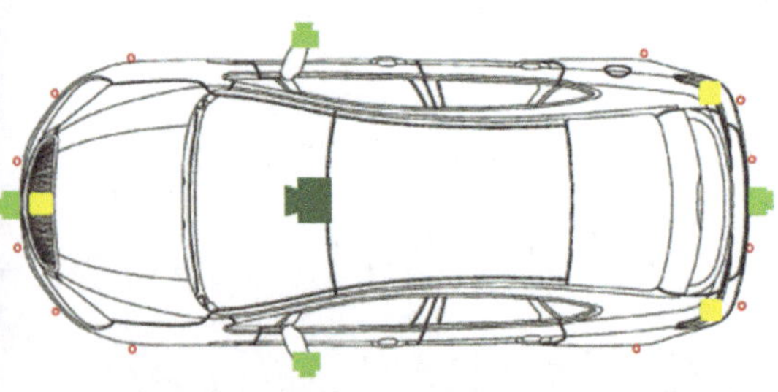

图 6-55　长安 CS75 及其 ADAS 传感器布局

表 6-3　长安 CS75 及其 ADAS 传感器的数量和功能

图例				
传感器名称	前视摄像头	鱼眼摄像头	77GHz 毫米波雷达	超声波雷达
单车数量	1	4	3	12
功能	LDW	AVS	ACC、AEB、FCW、LCA、RCTA	APA

4. 一汽奔腾 SENIA R9

一汽奔腾 SENIA R9 及其 ADAS 传感器布局如图 6-56 所示，其数量和功能见表 6-4。

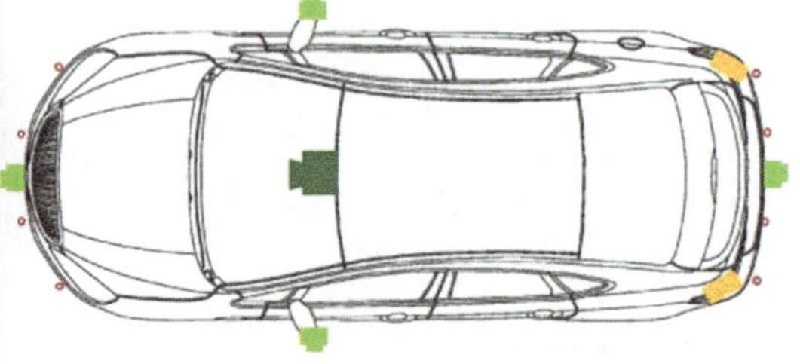

图 6-56　一汽奔腾 SENIA R9 及其 ADAS 传感器布局

表 6-4　一汽奔腾 SENIA R9 及其 ADAS 传感器的数量和功能

图例				
传感器名称	前视摄像头	鱼眼摄像头	24GHz 毫米波雷达	超声波雷达
单车数量	1	4	2	8
功能	ACC、AEB、FCW、LDW	AVS	LCA、RCTA	前后泊车

5. 东风日产蓝鸟汽车

东风日产蓝鸟汽车及其 ADAS 传感器布局如图 6-57 所示，其数量和功能见表 6-5。

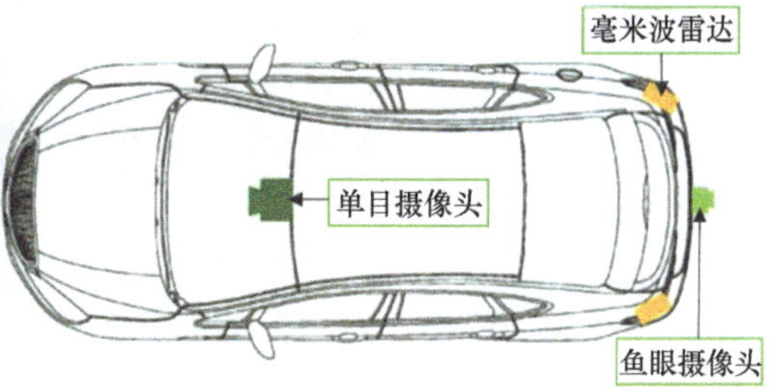

图 6-57 东风日产蓝鸟汽车及其 ADAS 传感器布局

表 6-5 东风日产蓝鸟汽车及其 ADAS 传感器的数量和功能

图例			
传感器名称	前视单目	鱼眼摄像头	24GHz 毫米波雷达
单车数量	1	1	2
功能	AEB、FCW、LDW	倒车影像	LCA、RCTA

由此可见，各种车型的 ADAS 传感器配置及其功能各不相同，而且在不断变换。

练习题

一、名词解释

1. 前向碰撞预警系统　2. 自动紧急制动系统　3. 车道偏离预警系统
4. 车道保持辅助系统　5. 盲区监测系统　6. 自适应巡航控制系统
7. 智能泊车辅助系统　8. 抬头显示系统　9. 夜视系统

二、简答题

1. 前向碰撞预警系统由哪几部分组成？
2. 自动紧急制动系统的原理是什么？
3. 车道偏离预警系统由哪几部分组成？
4. 车道保持辅助系统的原理是什么？
5. 盲区监测系统的原理是什么？
6. 燃油汽车和电动汽车的自适应巡航控制系统的原理有什么区别？
7. 智能泊车分哪几种类型？
8. 举例说明先进驾驶辅助系统在汽车上的应用实例。

第 7 章

智能网联汽车自动驾驶的前瞻技术

教学目标

通过本章的学习，学生能够了解人工智能技术、深度学习技术、语义分割技术、大数据技术、云计算技术和多接入边缘计算技术在智能网联汽车自动驾驶中的应用。

教学要求

知识要点	能力与素养要求
人工智能技术与自动驾驶	了解人工智能技术的定义，以及人工智能技术在自动驾驶中的应用
深度学习技术与自动驾驶	了解深度学习技术的定义，以及深度学习技术在自动驾驶中的应用
语义分割技术与自动驾驶	了解语义分割技术的定义，以及语义分割技术在自动驾驶中的应用
大数据技术与自动驾驶	了解大数据技术的定义，以及大数据技术在自动驾驶中的应用
云计算技术与自动驾驶	了解云计算技术的定义，以及云计算技术在自动驾驶中的应用
多接入边缘计算技术与自动驾驶	了解多接入边缘计算技术的定义，以及其应用场景，培养自主学习意识

导入案例

图 7-1 所示为智能网联汽车自动驾驶场景。在智能化时代的今天，人工智能、大数据、云计算在各行各业都得到快速应用，智能网联汽车作为典型的智能产品，它又涉及哪些智能技术？通过对本章知识的学习，读者便可以得到答案。

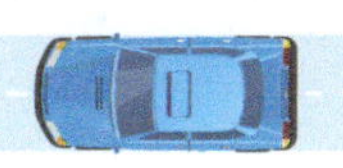

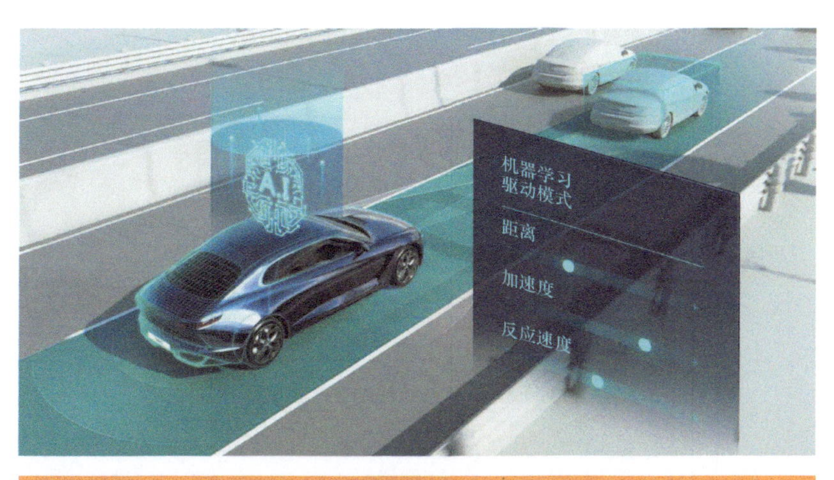

图 7-1 智能网联汽车自动驾驶场景

7.1 人工智能技术与自动驾驶

1. 人工智能的定义

人工智能（AI）是计算机科学的一个分支，它企图了解智能的本质，并生产出一种新的能以人类智能相似的方式做出反应的智能机器，是研究、开发用于模拟、延伸和扩展人的智能的理论、方法、技术及应用系统的一门新的技术科学。

机器学习（ML）属于人工智能的一个分支，也是人工智能的核心。机器学习理论主要是设计和分析一些让计算机可以自动“学习”的算法。

深度学习（DL）是利用深度神经网络来解决特征表达的一种学习过程。深度学习是机器学习研究中的一个新的领域，其动机在于建立、模拟人脑进行分析学习的神经网络，它模仿人脑的运作机制来解释数据，例如图像、声音、文本。

机器学习是一种实现人工智能的方法，深度学习是一种实现机器学习的技术，它们的关系如图 7-2 所示。

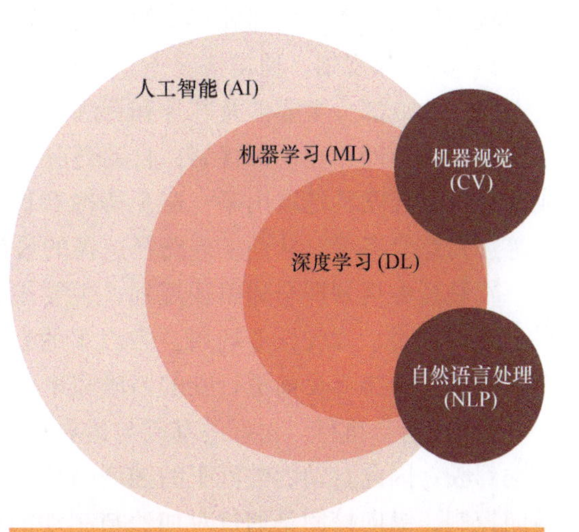

图 7-2 人工智能、机器学习和深度学习的关系

2. 人工智能在自动驾驶中的应用

自动驾驶技术（图 7-3）是对人类驾驶人在长期驾驶实践中，对“环境感知—决策与规划—控制与执行”过程的理解、学习和记忆的物化。自动驾驶汽车是一个复杂的软硬件结合的智能自动化系统，它运用到了自动控制技术、现代传感技术、计算机技术、信息与通信技术以及人工智能等。

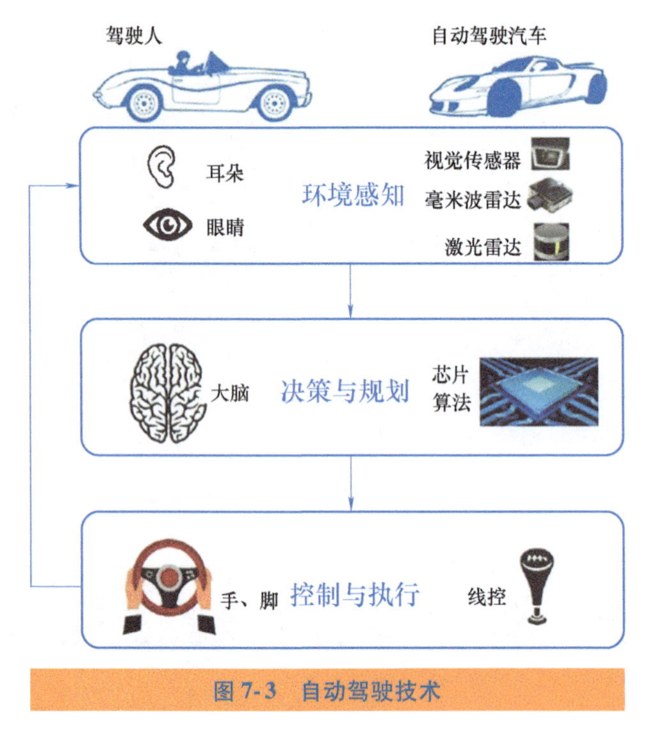

图 7-3　自动驾驶技术

（1）自动驾驶技术

1）环境感知。环境感知相当于人类的眼睛与耳朵，处于自动驾驶汽车与外界环境信息交互的关键位置，是实现自动驾驶的基础。环境感知技术通过利用视觉传感器、激光雷达、毫米波雷达、超声波雷达等车载传感器，辅以 V2X 和 5G 等技术获取汽车所处交通环境信息和车辆状态信息，为自动驾驶汽车的决策规划进行服务。

2）决策与规划。通常情况下，自动驾驶汽车的规划系统包含路径规划、驾驶任务规划两大方面。这一部分主要涉及芯片和算法。

路径规划即路径局部规划，自动驾驶汽车中的路径规划算法会在行驶任务设定之后将完成任务的最佳路径选取出来，避免碰撞和保持安全距离。在此过程中，会对路径的曲率和弧长等进行综合考量，从而实现路径选择的最优化。

驾驶任务规划即全局路径规划，主要规划内容是指行驶路径范围的规划。当自动驾驶汽车上路行驶时，驾驶任务规划会为汽车的自主驾驶提供方向引导方面的行为决策方案，通过 GPS 技术对即将需要前进行驶的路段和途径区域进行规划与顺序排列。

3）控制与执行。再好的基础与运算规划能力，如果不能做到安全控制执行，也不能实现自动驾驶。因此自动驾驶汽车的控制与执行是自动行驶的保障。控制包括汽车的纵向控制和横向控制，纵向控制是通过对加速与制动的协调，期望实现对车速的精准跟随；横向控制是通过转向盘调整以及轮胎力的控制实现自动驾驶路径跟踪。

（2）人工智能与自动驾驶的关键技术密切相关

1）环境感知方面。自动驾驶汽车所要面临的环境感知包括：路面路缘检测、车道线检测、护栏检测、交通标志检测、交通信号灯检测，以及重中之重的行人检测、机动车检测和非机动车检测等。

对于如此复杂的路况检测和目标检测，普通算法难以满足要求。基于人工智能的深度学习可以满足视觉感知的高精度需求，基于深度学习的计算机视觉，自动驾驶汽车可获得接近于人的感知能力。有研究报告表明，深度学习在算法和样本量足够的前提下，视觉感知的准确率可以达到99.9%以上，而人感知的准确率一般是95%。

2）决策与规划方面。行为决策与路径规划是人工智能在自动驾驶汽车领域中的另一个重要应用。目前越来越多的研发机构将强化学习应用到自动驾驶的行为与决策中。行为与决策可分解成两部分：可学习部分与不可学习部分，可学习部分是由强化学习来决策行驶需要的高级策略，不可学习部分是按照这些策略利用动态规划来实施具体的路径规划。

3）车辆控制方面。相对于传统的车辆控制技术，智能控制方法主要体现在对控制对象模型的运用和综合信息学习运用上，包括神经网络控制和深度学习方法等，这些算法已经逐步在自动驾驶汽车控制中应用。其中，通过神经网络控制可以把控制问题看成模式识别问题，而源于神经网络的研究，进一步开发深度神经网络学习，可以免除人工选取特征的繁复冗杂和高维数据的维度灾难问题。因为自动驾驶系统最终要尽量减少人的参与或者没有人的参与，深度学习的自动学习状态特征的能力使得深度学习在自动驾驶系统中具有先天的优势。

7.2 深度学习技术与自动驾驶

1. 深度学习的定义

深度学习是机器学习的一个类型，该类型的模型直接从图像、文本或声音中学习执行分类任务。通常使用神经网络架构实现深度学习。“深度”一词是指网络中的层数，层数越多，网络越深。传统的神经网络只包含2层或3层，而深度网络可能有几百层。

深度神经网络结合多个非线性处理层，并行使用简单元素操作，受到了生物神经系统的启发。它由一个输入层、多个中间层和一个输出层组成。各层通过节点或神经元相互连接，每个中间层使用前一层的输出作为其输入，深度神经网络如图7-4所示。

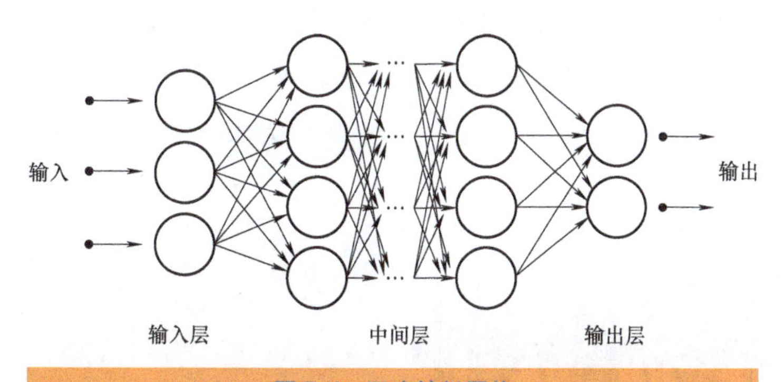

图7-4 深度神经网络

2. 深度学习在自动驾驶中的应用

自动驾驶汽车要想做出正确的决策，前提是必须要做到完全的感知，目前的自动驾驶技术，识别车前到底是一个行人还是一辆车已经不是什么难题，但如果要判断这是一辆轿车还是一辆SUV，行人是一个成人还是一个小孩可能并不是那么容易。要想做到更高等级的识别，就必须借助深度学习技术。

图像识别是深度学习最为擅长的，只需对系统进行训练，系统便可以实现正确的识别结果，但是在训练的时候需要一个由几万张图片组成的训练集，这个训练集所包含的图片数量越多，最终结果识别的准确率便会越高。通过深度学习，自动驾驶系统不仅能做到基本的路径识别、行人识别、道路标志识别、信号灯识别、障碍物以及环境识别，还可以实现一些高难度的识别。

例如，使用常规的图像识别方法，如果道路边缘的道牙没有特定的颜色，系统就无法很好地判断出道路的边界，自动驾驶汽车就很有可能会撞击道路边缘。而当使用了深度学习技术之后，图像识别系统就可以很好地区分出哪里是道路，哪里是道路边缘的道牙（图 7-5）。还有一种极端的情况便是如何实现在没有车道线的地方自动驾驶，这时可以用人在没有车道线的路况下开车的数据来训练神经网络，训练好之后，神经网络在没有车道线的时候也能大概判断未来车可以怎么开。

图 7-5　借助深度学习识别道路边缘场景

基于深度学习的智能语音系统将是智能网联汽车发展的一个重点方向，尽管目前对于深度学习来说，语音识别远不及图像识别的效果好，但是随着时间的推移，未来智能语音系统将可以清楚地分辨出车内不同成员的声音并且针对他们的习惯来进行相应的设置。深度学习可以提升智能语音识别的准确率（图 7-6），这样一来车内系统无论是实体按键还是虚拟按键都可以统统取消。

V2X 技术和 5G 技术将实现车联万物（图 7-7）。这意味着驾驶人只要坐在车内几乎就可以控制一切跟其生活息息相关的事情。而当深度学习技术被发挥到极致的时候，驾驶人的车几乎能掌握其每一个习惯甚至是每一个想法，并能够去实现。也许在短时间内这样的场景只是畅想，但科技前行的步伐远远超出了人们的想象。深度学习技术的大量运用正是人工智能时代到来的一大标志，而在人工智能时代，汽车的使用必将被完全颠覆。

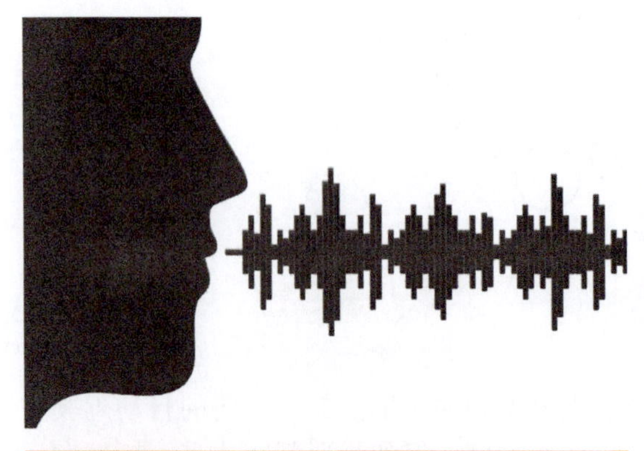

图 7-6　深度学习可以提升智能语音识别的准确率

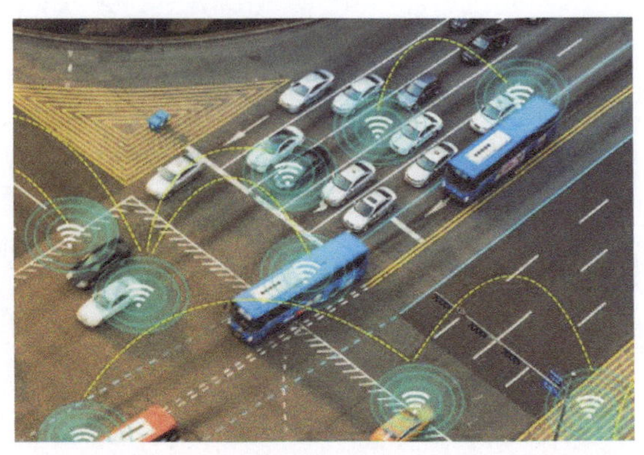

图 7-7　智能网联汽车的车联万物

3. 深度学习的应用实例

MATLAB利用深度学习建立了车辆检测、行人检测和交通标志检测函数，利用这些函数可以非常容易检测车辆、行人和交通标志，如图7-8~图7-10所示。

a) b)

图7-8 基于深度学习的车辆检测
a）原始图像 b）检测结果

a) b)

图7-9 基于深度学习的行人检测
a）原始图像 b）检测结果

a) b)

图7-10 基于深度学习的交通标志检测
a）原始图像 b）检测结果

7.3 语义分割技术与自动驾驶

1. 语义分割的定义

语义分割是将标签或类别与图片的每个像素关联的一种深度学习算法。它用来识别构成可区分类别的像素集合。例如，自动驾驶汽车需要识别车辆、行人、交通信号、人行道和其他道路特征等。

语义分割的一个简单例子就是将图像划分成两类（图 7-11），一副图像显示一个人在海边，与之相配的版本显示分割为两个不同类别的图像像素：人和背景。

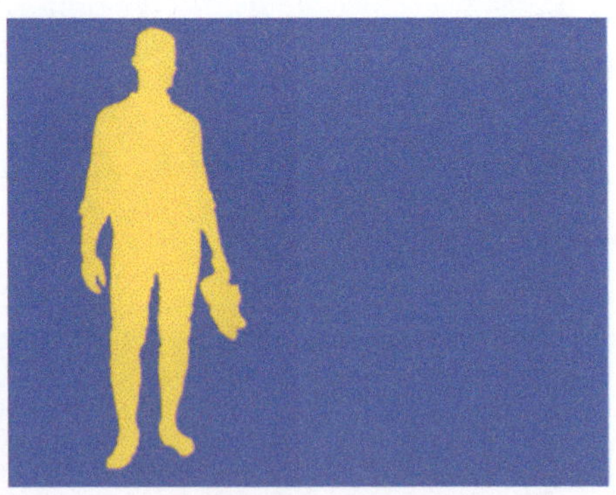

图 7-11　语义分割实例

语义分割并不局限于两个类别，可以更改对图像内容进行分类的类别数。例如，图 7-11 中的图像也可分割为四个类别：人、天空、水和背景。

2. 语义分割与目标检测的区别

语义分割可以作为对象检测的一种有用替代方法，因为它允许感兴趣对象在像素级别上跨越图像中的多个区域。这种技术可以清楚地检测到形态不规则的对象，相比之下，目标检测要求目标必须位于有边界的方框内，自动驾驶的车辆检测如图 7-12 所示。

图 7-12　自动驾驶的车辆检测

3. 语义分割在自动驾驶中的应用

因为语义分割会给图像中的像素加上标签，所以精确性高于其他形式的对象检测。这使得语义分割适用于各种需要准确图像映射的行业应用，例如自动驾驶中，通过区分道路、行人、人行道、电线杆和其他汽车等，让汽车识别可行驶的路径。图 7-13 所示为自动驾驶场景的语义分割。

a)

b)

图 7-13 自动驾驶场景的语义分割

a）原始图像 b）分割结果

图 7-14 所示为激光雷达点云的语义分割。

a) b)

图 7-14 激光雷达点云的语义分割

a）激光点云 b）分割结果

7.4 大数据技术与自动驾驶

1. 大数据的定义

大数据是指没有办法在可容忍的时间下使用常规软件方法完成存储、管理和处理任务的数据。大数据是需要新处理模式才能具有更强的决策力、洞察发现力和流程优化能力的海量、高增长率和多样化的信息资产。大数据是“未来的新石油”。

自动驾驶汽车每行驶 8h 将产生并消耗约 40TB 的数据，这意味着自动驾驶汽车将至少像依赖石油或电力一样依赖数据。自动驾驶汽车可以通过大数据分析，做出明确、合理的决策，保障汽车安全行驶。随着自动驾驶程度的提高，为自动驾驶提供支持的技术变得更加复杂，就需要更多的数据。

从大数据的生命周期来看，大数据主要包括大数据采集、大数据预处理、大数据存储、大数据分析。大数据采集是对各种来源的结构化和非结构化海量数据所进行的采集；大数据预处理指的是在进行数据分析之前，先对采集到的原始数据所进行的诸如“清洗、填补、平滑、合并、规格化、一致性检验”等一系列操作，旨在提高数据质量，为后期分析工作奠定基础；大数据存储是指用存储器以数据库的形式存储采集到的数据的过程；大数据分析是从可视化分析、数据挖掘算法、预测性分析、语义引擎、数据质量管理等方面，对杂乱无章的数据进行萃取、提炼和分析的过程。

2. 大数据的特点

（1）规模性　数量从 TB 级别跃升到 PB 级别，集中储存/集中计算已经无法处理巨大的数据量。

（2）多样性　数据的种类和来源多样化，非结构化数据增长远大于结构化数据，例如互联网中有大量网络日志、视频、图片、地理位置信息等。

（3）高速性　数据增长速度快，处理速度要求快；大数据往往需要在秒级时间范围从各种类型的数据中获得高价值的信息，这一点和传统的数据挖掘技术有着本质的不同。

（4）价值性　价值密度低，商业价值高；只要合理利用数据并对其进行准确的分析，将会带来很高的价值回报。

大数据特点可以归纳为 4 个“V”——Volume（规模性）、Variety（多样性）、Velocity（高速性）和 Value（价值性）。

3. 大数据在自动驾驶中的应用

（1）大数据的收集与处理　自动驾驶主要依靠智能传感器感知周围环境信息，并自行做出驾驶行为决策，控制车辆到达既定目的地。其核心在于深度的 AI 算法，但这又依靠海量大数据和高性能计算。

1）自动驾驶汽车如何收集数据。自动驾驶汽车使用各种内置传感器来收集数据，在自动驾驶汽车中，来自各种内置传感器的数据可以在毫秒内得到处理和分析。这使得汽车不仅可以从 A 点到 B 点安全行驶，而且还可以将路况信息传递给云端，从而传递给其他车辆。然后，来自互联汽车的大数据将与其他智能汽车共享。

2）帮助自动驾驶汽车收集数据的传感器。为了观察和感知自身周围的一切，自动驾驶汽车通常使用3种类型传感器：摄像头、毫米波雷达和激光雷达。摄像头可帮助汽车获得周围环境的360°全景。不仅如此，现代摄像头还可以提供逼真的3D图像，识别物体和人，并确定它们之间的距离。但恶劣的天气条件、损坏的交通标志和对比度不足会影响摄像头的性能。天气条件不会影响毫米波雷达，它可以检测移动物体，实时测量距离和速度。激光雷达可以创建周围环境的3D图像并绘制地图，从而在汽车周围创建360°视图。

在自动驾驶中，一个更为关键的组件是帮助分析自动驾驶汽车中数据的软件。连接到网络后，自动驾驶汽车不仅可以将其所有传感器的数据传递到云端，而且还能立即对情况做出响应。

3）自动驾驶汽车对大数据的处理。自动驾驶汽车必须有传感器、人工智能软件和云服务器。自动驾驶汽车通过定位技术确定自己的世界坐标位置，并结合来自内部传感器的数据来确定它的速度和方向；同时，还需要在地图中定位，标志、标记、车道和各种障碍物都要被考虑在内。利用收集到的数据，自动驾驶汽车可以针对道路上的许多可能情况制定策略。自动驾驶汽车之间的数据共享将有助于避免交通堵塞，同时考虑天气状况并应对紧急情况。

（2）大数据对自动驾驶的作用

1）环境感知。尽管自动驾驶汽车配有雷达和视觉传感器，使它们能够感知周围的环境，但如果不能获得可靠的数据流，以及了解周围的情况和对未来的预判，自动驾驶汽车就会存在安全风险。未来的自动驾驶汽车可以依靠传感器和已有的大数据，将不同数据有效融合起来，建立一个基于大数据的感知系统，保障自动驾驶汽车的安全行驶。

2）驾驶行为决策。自动驾驶汽车行驶过程中，如何将汽车控制好，这样的驾驶行为决策在路况简单时，过去传统的方式是基于规则的判定，而在未来更复杂的环境（包括拥堵情况）下，基于数据驱动的驾驶行为的决策，会变成未来整个发展的主流。大数据在交通行业已经实现商业化应用，采集了车速及安全带使用、制动、加速习惯及下班后的用车习惯等相关信息。若该类数据可以共享，用于自动驾驶，研发人员可将该类数据用于机器学习，更精确地定位车辆信号及路况情况，从而提升自动驾驶的安全性，降低事故发生率。

如何将海量数据高效地传输到运营点和云集群中，如何将全部海量数据成体系地组织在一起，快速搜索，灵活使用，为数据流水线和各业务应用（如训练平台、仿真平台、汽车标定平台）提供数据支撑，均涉及大数据技术。

7.5 云计算技术与自动驾驶

1. 云计算的定义

云计算没有统一的定义，简单来说，云计算就是将很多计算机资源和服务集中起来，人们只要接入互联网，将能很轻易、方便地访问各种基于云的应用信息，省去安装和维护的烦琐操作。

美国国家标准与技术研究院对云计算的定义：云计算是一种按使用量付费的模式，这种模式提供可用的、便捷的、按需的网络访问，进入可配置的计算资源共享池（资源包括网络、服务器、存储、应用软件、服务），这些资源能够被快速提供，只需投入很少的管理工作，或与服务供应商进行很少的交互。

2. 云计算的特点

（1）支持异构基础资源　云计算可以构建在不同的基础平台之上，即可以有效兼容各种不同种类的硬件和软件基础资源。硬件基础资源主要包括网络环境下的计算（服务器）、存储（存储设备）和网络（交换机、路由器等设备）；软件基础资源则包括单机操作系统、中间件、数据库等。

（2）支持资源动态扩展　支持资源动态伸缩，实现基础资源的网络冗余，意味着添加、删除、修改云计算环境的任一资源节点，都不会导致云环境中的各类业务的中断，也不会导致用户数据的丢失。而资源动态流转则意味着在云计算平台下实现资源调度机制，资源可以流转到需要的地方。例如在系统业务整体升高的情况下，可以启动闲置资源，纳入系统中，提高整个云平台的承载能力；而在整个系统业务负载低的情况下，则可以将业务集中起来，而将其他闲置的资源转入节能模式，从而在提高部分资源利用率的情况下，达到其他资源绿色、低碳的应用效果。

（3）支持异构多业务体系　在云计算平台上，可以同时运行多个不同类型的业务。异构表示该业务不是同一的，不是已有的或事先定义好的，而应该是用户可以自己创建并定义的服务。

（4）支持海量信息处理　云计算在底层需要面对各类众多的基础软硬件资源；在上层需要能够同时支持各类众多的异构的业务；而具体到某一业务，往往也需要面对大量的用户。由此，云计算必然需要面对海量信息交互，需要有高效、稳定的海量数据通信/存储系统作支撑。

（5）按需分配，按量计费　按需分配是云计算平台支持资源动态流转的外部特征表现。云计算平台通过虚拟分拆技术，可以实现计算资源的同构化和可度量化，可以提供小到一台计算机，多到千台计算机的计算能力。按量计费起源于效用计算，在云计算平台实现按需分配后，按量计费也成为云计算平台向外提供服务时的有效收费形式。

因此，云计算甚至可以体验每秒10万亿次的运算能力，拥有这么强大的计算能力可以模拟核爆炸、预测气候变化和市场发展趋势。用户可通过个人计算机、便携式计算机、手机等多种方式接入数据中心，按自己的需求进行运算。

3. 云计算在自动驾驶中的应用

（1）海量数据存储备份　自动驾驶汽车实际运行中产生的各类数据对远程故障诊断、定期检测是必不可少的。但海量的数据存储、备份和分析则带来成本上的压力。云端存储和大数据分析能力极大减少了这方面的成本，并且能降低因数据丢失导致的风险。其中云端实时地处理自动驾驶汽车传来的道路数据，若识别出可以被以后数据处理应用，则更新数据；若识别出需要实时处理，则把对应的理解数据传给自动驾驶汽车。以上均涉及云计算技术。

（2）自动驾驶汽车的快速开发测试　自动驾驶汽车的功能设计、开发和测试环境的维护，其成本都是极其昂贵的，但使用效率并不高。使用云计算技术，可以快速地在云端搭建起虚拟开发测试环境，一旦新的功能和服务开发测试完成也可以直接通过云端推送给用户。自动驾驶算法的研发流程（开发、训练、验证、调试）在云端实现，从而能大幅提升算法迭代效率，云计算技术对于自动驾驶是非常重要的。

因此，大数据让自动驾驶汽车具备老驾驶人的经验；云计算不但让自动驾驶汽车学习这些老驾驶人的经验成为可能，更让自动驾驶汽车在行驶中具有整个交通全局的信息视野和决策能力。

7.6 多接入边缘计算技术与自动驾驶

多接入边缘计算（MEC）是一种网络架构，为网络运营商和服务提供商提供云计算能力以及网络边缘的IT服务环境。

MEC与C-V2X融合是将C-V2X业务部署在MEC平台上，借助Uu接口或PC5接口支持实现“人-车-路-云”协同交互，可以降低端到端数据传输时延、缓解终端或路侧智能设施的计算与存储压力，减少海量数据回传造成的网络负荷，提供具备本地特色的高质量服务。MEC与C-V2X融合的场景如图7-15所示。

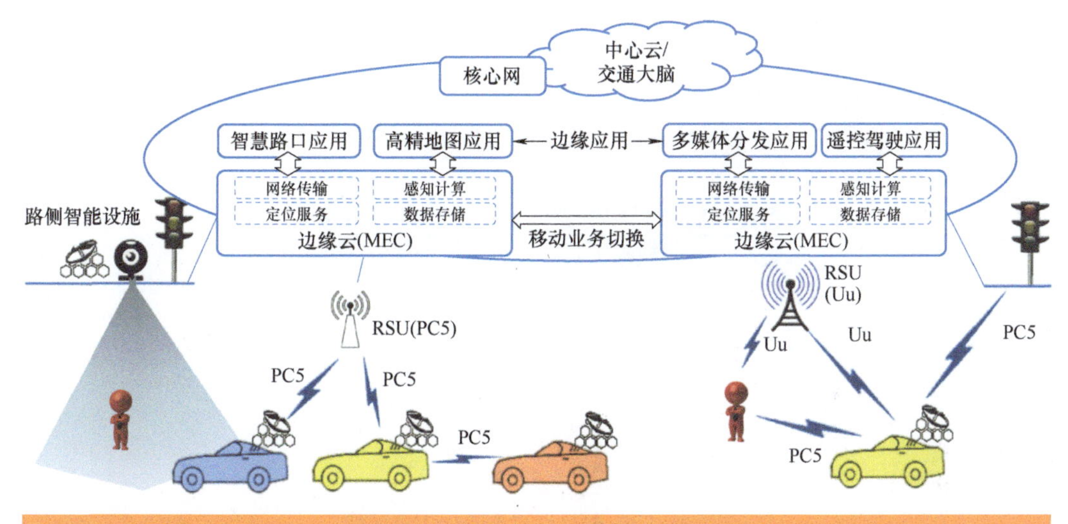

图7-15 MEC与C-V2X融合的场景

MEC与C-V2X融合场景可按照“路侧协同”与“车辆协同”的程度进行分类。无须路侧协同的C-V2X应用可以直接通过MEC平台为车辆或行人提供低时延、高性能服务；当路侧部署了能接入MEC平台的路侧雷达、摄像头、智能红绿灯、智能化标志等智能设施时，相应的C-V2X应用可以借助路侧感知或采集的数据为车辆或行人提供更全面的信息服务。在没有车辆协同时，单个车辆可以直接从MEC平台上部署的相应C-V2X应用获取服务；在多个车辆同时接入MEC平台时，相应的C-V2X应用可以基于多个车辆的状态信息，提供智能协同的信息服务。

依据是否需要路侧协同以及车辆协同，可将MEC与C-V2X融合场景分为“单车与MEC交互”“单车与MEC及路侧智能设施交互”“多车与MEC协同交互”“多车与MEC及路侧智能设施协同交互”，MEC与C-V2X融合场景分类如图7-16所示。

1. 单车与MEC交互场景

在C-V2X应用中，本地信息分发、动态高精度地图、车载信息增强、车辆在线诊断等功能通过单车与MEC进行交互即可实现，单车与MEC交互场景如图7-17所示。

（1）本地信息分发　MEC作为内容分发的边缘节点，可实现在线分发和流量卸载的功

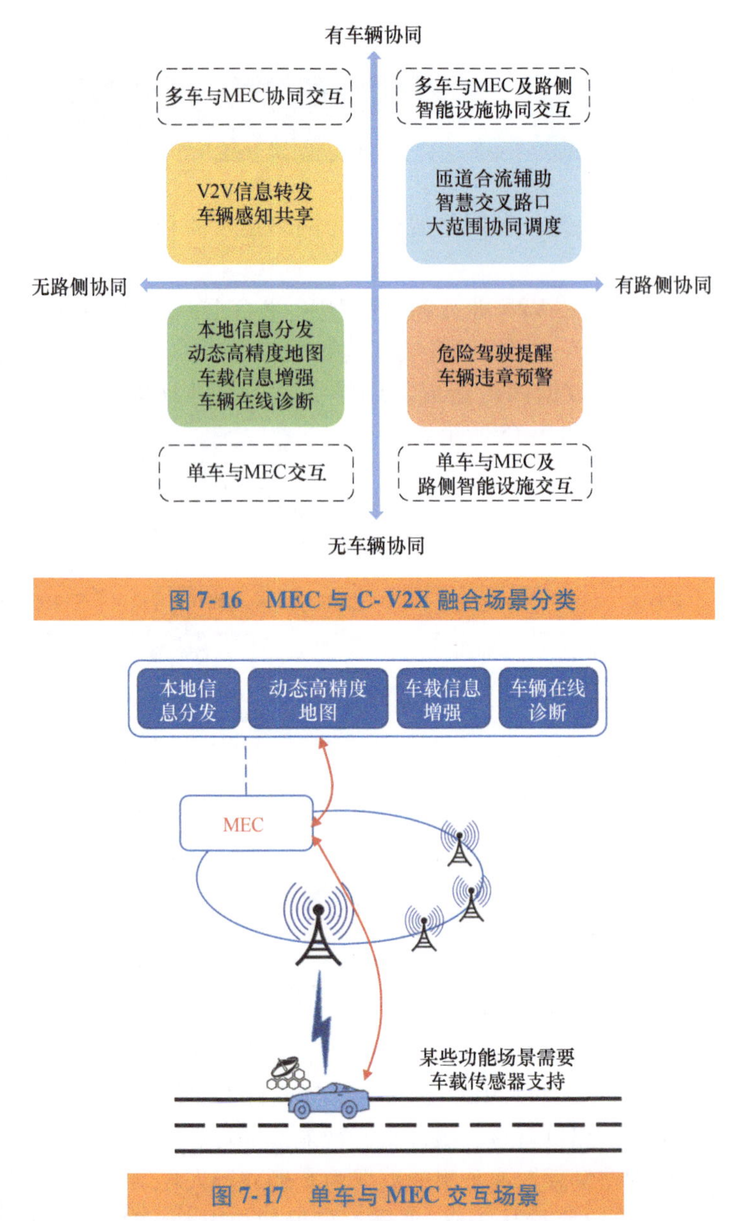

图 7-16 MEC 与 C-V2X 融合场景分类

图 7-17 单车与 MEC 交互场景

能；可为车辆提供音视频等多媒体休闲娱乐信息服务、区域性商旅餐饮等信息服务，或提供软件/固件升级等服务。

（2）动态高精度地图　MEC 可以存储动态高精度地图和分发高精度地图信息，减少时延并降低对核心网传输带宽的压力。在应用中，车辆向 MEC 发送自身具体位置以及目标地理区域信息，部署在 MEC 的地图服务提取相应区域的高精度地图信息发送给车辆。当车辆传感器检测到现实路况与高精度地图存在偏差时，可将自身传感信息上传至 MEC 用于对地图进行更新，随后 MEC 的地图服务可选择将更新后的高精度地图回传至中心云平台。

（3）车载信息增强　MEC 提供车载信息增强功能，车辆可将车载传感器感知的视频/雷达信号等上传至 MEC，MEC 通过车载信息增强功能提供的视频分析、感知融合、AR 合成等多种应用实现信息增强，并将结果下发至车辆进行直观显示。

（4）车辆在线诊断　MEC 可支持自动驾驶在线诊断功能。车辆可将其状态、决策等信息上传至 MEC，利用在线诊断功能对实时数据样本进行监控分析，用于试验、测试、评估或应对紧急情况处理。同时 MEC 可定期将样本及诊断结果汇总压缩后回传中心云平台。在单车与 MEC 交互场景中，车辆与部署在 MEC 上的服务进行交互，无须路侧智能设施及其他车辆参与。

2. 单车与 MEC 及路侧智能设施交互场景

在 C-V2X 应用中，危险驾驶提醒、车辆违章预警等功能可通过单车、路侧智能设施及 MEC 进行交互实现，单车与 MEC 及路侧智能设施交互场景如图 7-18 所示。

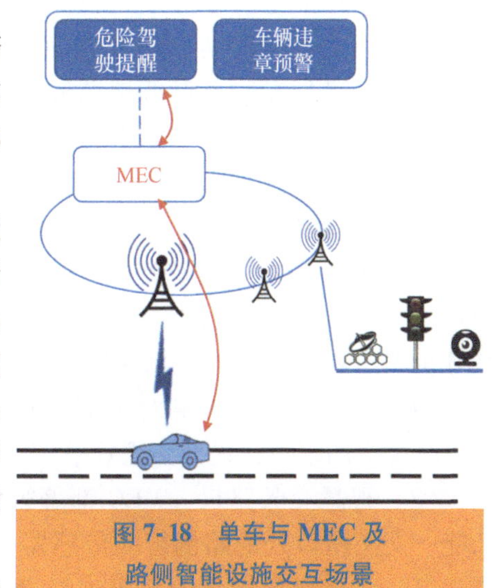

图 7-18　单车与 MEC 及路侧智能设施交互场景

（1）危险驾驶提醒　MEC 部署危险驾驶提醒功能后，可结合路侧智能设施，通过车牌识别等功能分析车辆进入高速的时间，定期为车辆提供疲劳驾驶提醒；或在夜间通过视频分析，提醒车辆正确使用灯光；或在感知到突发车辆事故时，提醒附近车辆谨慎驾驶；或在天气传感器感知到高温“镜面效应”、雨雪大雾等恶劣天气时，提醒车辆安全驾驶。此外，MEC 可阶段性地将危险驾驶信息汇总后上传至中心云平台。

（2）车辆违章预警　MEC 部署车辆违章预警功能后，可结合路侧智能设施，通过视频识别、雷达信号分析等应用实现车牌识别，并对超速、逆行、长期占据应急车道等违章行为判定，并将违章预警信息下发对应车辆，提醒车辆遵守交通规则行驶。此外，MEC 可阶段性将违章信息汇总后上传至中心云平台。

在单车与 MEC 及路侧智能设施交互的场景中，车辆、路侧智能设施与部署在 MEC 上的服务进行交互，无须其他车辆参与。

3. 多车与 MEC 协同交互场景

在 C-V2X 应用中，V2V 信息转发、车辆感知共享等功能可通过多车与 MEC 协同交互实现，多车与 MEC 协同交互场景如图 7-19 所示。

（1）V2V 信息转发　MEC 部署 V2X 信息转发功能后，可作为桥接节点，以 V2N2V 的方式实现车与车之间的通信，实时交流车辆位置、速度、方向及制动、开启双闪等车辆状态信息，提升道路安全。

（2）车辆感知共享　MEC 部署车辆感知共享功能，可将具备环境感知功能的车辆的感知结果转发至周围其他车辆，用于扩展其他车辆的感知范围；也可以用于“穿透”场景，即当前车遮挡后车视野时，前车对前方路况进行视频监控并将视频实时传输至

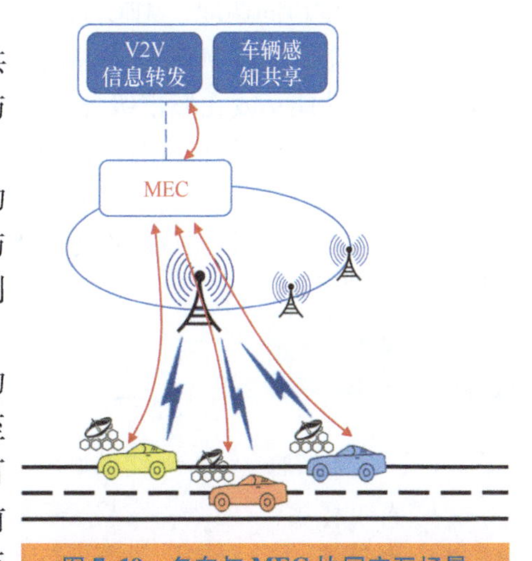

图 7-19　多车与 MEC 协同交互场景

MEC，MEC 的车辆感知共享功能对收到的视频进行实时转发至后方车辆，便于后方车辆利用视频扩展视野，有效解决汽车行驶中的盲区问题，提高车辆的驾驶安全。

在多车与 MEC 协同交互场景中，多个车辆与部署在 MEC 上的服务进行交互，无须路侧智能设施参与。

4. 多车与 MEC 及路侧智能设施协同交互场景

C-V2X 应用中，匝道合流辅助、智慧交叉路口、大范围协同调度等功能可通过多车、路侧智能设施及 MEC 进行协同交互实现，多车与 MEC 及路侧智能设施协同交互场景如图 7-20 所示。

（1）匝道合流辅助　MEC 部署匝道合流辅助功能，在匝道合流汇入点部署监测装置（如摄像头）对主路车辆和匝道车辆同时进行监测，并将监测信息实时传输到 MEC，同时相关车辆也可以将车辆状态信息发送至 MEC，MEC 的匝道合流辅助功能利用视频分析、信息综合、路况预测等应用功能对车、人、障碍物等的位置、速度、方向角等进行分析和预测，并将合流点动态环境分析结果实时发送相关车辆，提升车辆对于周边环境的感知能力，减少交通事故，提升交通效率。

图 7-20　多车与 MEC 及路侧智能设施协同交互场景

（2）智慧交叉路口　MEC 部署智慧交叉路口功能，交叉路口处的路侧智能传感器（如摄像头、雷达等）将路口处探测的信息发送至 MEC，同时相关车辆也可以将车辆状态信息发送至 MEC。MEC 的智慧交叉路口功能通过信号处理、视频识别、信息综合等应用功能对交叉路口周边内的车辆、行人等位置、速度和方向角等进行分析和预测，并将分析结果实时发送至相关车辆，综合提升车辆通过交叉路口的安全性和舒适性；同时 MEC 可以通过收集和分析相关信息，对交通信号灯各相位配时参数进行优化，提高交叉路口的通行效率。

（3）大范围协同调度　MEC 部署大范围协同调度功能，可在重点路段、大型收费口处借助视频传感信息，通过 MEC 进行路况分析和统一调度，实现一定范围内大规模车辆协同、车辆编队行驶等功能；或在城市级导航场景中，MEC 根据区域车辆密度、道路拥堵严重程度、拥堵节点位置以及车辆目标位置等信息，利用路径优化的算法对车辆开展导航调度，避免拥堵进一步恶化。

在多车与 MEC 及路侧智能设施交互场景中，多个车辆、路侧智能设施与部署在 MEC 上的服务进行交互。

练习题

一、名词解释

1. 人工智能　　2. 深度学习　　3. 语义分割

4. 大数据　　5. 云计算　　6. 多接入边缘计算

二、简答题

1. 人工智能技术在自动驾驶中有哪些应用?
2. 深度学习技术在自动驾驶中有哪些应用?
3. 语义分割技术在自动驾驶中有哪些应用?
4. 大数据技术在自动驾驶中有哪些应用?
5. 云计算技术在自动驾驶中有哪些应用?
6. 多接入边缘计算技术在自动驾驶中有哪些应用?

参考文献

[1] 崔胜民. 智能网联汽车新技术 [M]. 北京：化学工业出版社，2016.

[2] 崔胜民. 智能网联汽车概论 [M]. 北京：人民邮电出版社，2019.

[3] 崔胜民. 一本书读懂智能网联汽车 [M]. 北京：人民邮电出版社，2019.

[4] 崔胜民，俞天一，王赵辉. 智能网联汽车先进驾驶辅助系统关键技术 [M]. 北京：化学工业出版社，2019.

[5] 李克强. 电动汽车工程手册：第六卷　智能网联 [M]. 北京：机械工业出版社，2020.

[6] 国汽（北京）智能网联汽车研究院有限公司. 智能网联汽车测试装调职业技能等级标准 [Z]. 2020.

[7] IMT-2020（5G）推进组. MEC 与 C-V2X 融合应用场景白皮书 [Z]. 2019.